# IM GLEICHGEWICHT –
# PAUL KLEE UND DIE MODERNE

## Nestler Ruthenbeck Visch

## 14. 6. – 2. 8. 1987

Katalog der Kunsthalle zu Kiel
der Christian-Albrechts-Universität
Herausgegeben von Jens Christian Jensen

Bearbeitet von Ulrich Bischoff

Kunsthalle zu Kiel und Schleswig-Holsteinischer Kunstverein

**Impressum**

Katalog und Ausstellung: Ulrich Bischoff

Redaktionelle Mitarbeit: Sabine Behrens, Jens Peter Koerver

Fotos: Galerie Paul Andriesse, Amsterdam
       Michel Boesveld, Amsterdam
       Peter Cox, Eindhoven
       Peter Hebler
       W. Gronwald
       Lacoste, Chalon sur Saône
       Produzentengalerie Hamburg
       Gabriele Rothemann, Düsseldorf
       Galerie Wittenbrink, München
       Joachim Thode, Kiel
       und zahlreiche Künstler, die ihre Arbeiten selbst fotografiert haben.

Herstellung: Heinrich Möller Söhne GmbH & Co. KG, Rendsburg

Lithos: Nordklischee KG, Rendsburg

Copyright: Kunsthalle zu Kiel und Autoren

ISBN: 3-923 701-20-9

Kunsthalle zu Kiel und Schleswig-Holsteinischer Kunstverein
Düsternbrooker Weg 1, 2300 Kiel 1
Telefon (04 31) 5 97 37 51 und 37 56

Öffnungszeiten: Di bis Sa: 10 bis 18 Uhr
                Mi: 10 bis 20 Uhr, So: 10 bis 17 Uhr
                Mo: geschlossen

# Inhaltsübersicht

## Vorwort

Wir verdanken es Herrn Felix Klee, daß wir in Kiel eine Klee-Ausstellung zeigen können, die erste dieses Künstlers in der Landeshauptstadt Schleswig-Holsteins überhaupt. Ihnen, dem Sohn des großen Künstlers, gilt deshalb mein erster Gruß und mein Dank. Felix Klee wird überdies am 5. Juli einen Vortrag über Person und Werk Paul Klees bei uns halten.

Wir haben uns jedoch gesagt, daß wir nicht einfach eine Auswahl aus Klees umfangreichem Schaffen zeigen können, nachdem in den letzten Jahrzehnten unzählige Klee-Ausstellungen, oft von imponierendem Umfang, gezeigt worden sind. Deshalb kamen wir darauf, einen Aspekt des Werkes in den Mittelpunkt zu rücken, nämlich die eigentümlich ausgewogene Bildgestalt des Künstlers. Überdies haben Paul Klee das Ausbalancieren und das Ausponderieren von Farbwertigkeiten und Linienbezügen immer als Ordnungsprinzip auf der Bildfläche interessiert. Daß dies auch in seinem Werk thematisiert worden ist, zeigen die Darstellungen von Seiltänzern und von schwebenden Figuren.

Wir sind noch weitergegangen. Wir wollten Klees Werk aus dem gefrorenen Glanz des Klassischen herauslösen, seine Bedeutung für die Gegenwartskunst zeigen, den Blick für Parallelen in unserer Gegenwart öffnen. So entstand der Plan, Klees Werk mit Arbeiten der Plastiker Wolfgang Nestler, Reiner Ruthenbeck und Henk Visch zu konfrontieren, Plastikern, für die das Auswägen von Gewichten zur Essenz ihrer Arbeit gehört. Es ging uns also nicht etwa um Konstruktionen von Ähnlichkeiten, sondern wir wollten drei Positionen innerhalb heutiger Plastik auf Paul Klees Gemälde, Aquarelle und Zeichnungen antworten lassen im Sinne eines Dialogs. Wir erhoffen uns lebendige Beziehungen und Antithesen, die sich gegenseitig erhellen oder bestätigen. Ich danke den drei Künstlern, daß sie auf unseren Vorschlag eingegangen sind und eigene Bedenken zurückgestellt haben.

Reiner Ruthenbeck zeigten wir 1973 im Studio, Henk Vischs Arbeiten lernten wir in der Ausstellung „Gesignaleerd, Neue Kunst aus den Niederlanden" 1983 kennen. 1986/87 erwarben wir die Plastik Wolfgang Nestlers „Vogel". Wir freuen uns auf intensive Wiederbegegnung mit deren Werk! Wir haben uns für diese Plastiken entschieden, weil das Schaffen von Alf Schuler (Ausstellung 1980), Alf Lechner (Ausstellung 1978) und Günter Haese (Ausstellung 1979/80) nicht nur in guter Erinnerung, sondern auch durch bedeutende Ankäufe in unserer Sammlung präsent ist.

Ich danke für Leihgaben der Paul-Klee-Stiftung am Kunstmuseum in Bern und dem Sprengel-Museum Hannover und für die Modelleisenbahn der Märklin GmbH, Göppingen. Ohne die freundschaftliche finanzielle Hilfe der PROVINZIAL Versicherungsanstalten Schleswig-Holstein, Kiel, und ihres Vorstandsvorsitzenden, Herrn Klaus R. Uschkoreit, und der Firma Schmoldt und Axmann, BMW in Kiel, und ihrer Inhaber Ulrich Urban und Gisbert Schücking – langjährige Förderer der Kunsthalle zu Kiel – hätten wir diese Ausstellung nicht zeigen, den Katalog nicht drukken können. Wir sind den beiden Unternehmen wiederum zu herzlichem Dank verpflichtet.

Herr Dr. Ulrich Bischoff, Ausstellungsleiter der Kunsthalle, hat die Ausstellung zu seiner Sache und die Arbeit mehrerer Jahre in seinen Texten fruchtbar gemacht. Ich danke ihm für Organisation, Redaktion und Einrichtung dieser Ausstellung.

Jens Christian Jensen

Boom von neuen Museumsbauten und Anbauten beschert, wie er in unserer Geschichte bisher noch nie zu verzeichnen war. Um diese neuen „Circenses", Spielstätten, der ihnen zugedachten Funktion zuzuführen, müssen diese Bauten entweder durch geniale Architekten zu besonderen Sehenswürdigkeiten geformt werden oder aber mit zugkräftigen „Schatz"- (Gold der . . .) oder Klassiker-Präsentationen aufwarten. Dieses Schicksal ist auch dem von den Nazis 1933 vertriebenen Bauhausmeister und gerade an der Düsseldorfer Akademie frisch ernannten Kunstprofessor nicht erspart geblieben. Ähnlich wie bei Leonardos „Mona Lisa" im Louvre oder bei Rembrandts „Nachtwache" im Amsterdamer Reichsmuseum die Vielzahl der Betrachter den Blick buchstäblich versperren, so erschwert die unerhört aggressive mediale Vermittlung (Abbildungen und Reproduktionen, Filme und audiovisuelle Vermittlungsprogramme, kurz das „Produktmanagement") und die von einer Einzelperson gar nicht mehr zu überblickende Fachliteratur[2] den eigenen, unbelasteten Blick auf einzelne Werke, mit denen Klee nach seinen eigenen Worten „Unsichtbares sichtbar machen wollte". Diese Bildwerdung, dieses in Erscheinungtreten von etwas, was noch nicht vertraut ist, war bei Klee nicht Resultat eines illustrativen Aktes. Klees Bildfindung geschah vielmehr als Handlung eines Menschen, der sich zwischen Bewußtem und Unbewußtem, zwischen Ernst und Spaß, zwischen Sehen und Fühlen, Realem und Phantastischem, allgemein: zwischen bestimmten Grenzen, oder wie es Klee selbst formulierte, in einem „Zwischenreich" befindet. Um sich diesem Zwischenreich zu nähern, das fern von jeder offiziösen Kulturfeier eines Kunst-Heroen mit mediengerechter Ausschlachtung seinen Ort hat, schien· uns die Beschränkung auf ein Thema – „Gleichgewicht" – und auf eine kleinere Anzahl von Werken günstig. Zusätzlich wollen wir diese, unserer Meinung nach für das Verständnis Klees zentrale Werkgruppe konfrontieren mit der Präsentation von Werken von Künstlern unserer Gegenwart. Wir erhoffen uns von dieser Begegnung einen Abbau der angedeuteten Sehhindernisse in Gestalt von „Klassikerbarrieren", wechselseitige Erhellung und vor allem Zugang zu einer die Wurzel künstlerischer Arbeit überhaupt treffenden Thematik.

## Zur Ausstellung

Der Zugang zum Werk von Paul Klee ist heute durch Umstände erschwert, die ihren Ursprung in gesellschaftlichen Verhältnissen haben, die Resultate einer veränderten Kulturpolitik[1] sind. In einer Gesellschaft mit Massenarbeitslosigkeit und zunehmender Arbeitszeitverkürzung erhält das Kulturangebot einer Region wachsende Bedeutung. Neben einer Freizeitindustrie mit immensen Zuwachsraten haben uns die Politiker mit kräftiger Unterstützung aus Kreisen der Wirtschaft einen

1) Vgl. hierzu u. a. Hannes Böhringer: *Traumverwaltung. Über die neofeudale Inanspruchnahme der modernen Kunst* in: *Merkur, Deutsche Zeitschrift für europäisches Denken*, Heft 4, Stuttgart 1987, S. 344 ff.

2) Zum Stand der Klee-Literatur vgl. u. a. O. K. Werckmeister: *Die neue Phase der Klee-Literatur* in: *Versuche über Paul Klee* (mit chronologischer Bibliographie), Frankfurt a. M. 1981, S. 179 ff., und O. K. Werckmeister *Jim M. Jordan, Paul Klee and Cubism. – Richard Verdi, Klee and Nature* (Rezension) in: Kunstchronik, 40. Jg., Heft 2, München 1987, S. 63 ff.

Paul Klee, „Kleiner Narr in Trance III.", 1927, Ölfarbezeichnung, 46,7×30,2 cm, Paul Klee Stiftung Bern

Paul Klee: „Kleiner Narr in Trance", 1927

Als die Nazis sich 1937 an die Spitze eines „gesunden Volksempfindens" setzten und mit ihrer Ausstellung „Entartete Kunst" deutliche Grenzlinien zwischen einer „dem Volk dienenden Kunst" und einer „Kunstentartung des Kulturbolschewismus" ziehen wollten, zeigten sie auf ihrer Pranger-Schau auch Werke von Paul Klee. Im „Ausstellungsführer Entartete ‚Kunst'" von 1937, erschienen im Verlag für Kultur- und Wirtschaftswerbung in Berlin, war Klee mit der Kunst eines Geisteskranken zusammengestellt und mit folgendem Kommentar versehen: Daß die Arbeit „des Schizophrenen aus einer Irrenanstalt immer noch menschenähnlicher aussieht als das Machwerk von Paul Klee, das durchaus ernst genommen werden wollte, ist sehr aufschlußreich".[3] Die in mehreren Fassungen vorhandene Darstellung „Kleiner Narr in Trance" macht deutlich, daß es Klee zwar nicht um die Menschenähnlichkeit, wohl aber um eine für den Menschen und damit auch für die Kunst zentrale Stelle, ja um eine Haltung geht, die eine besondere Qualität menschlicher Existenz ausmacht.

Am Anfang steht der „Punkt". Dann: „Über den toten Punkt hinweggesetzt sei die erste bewegliche Tat (Linie)" (Paul Klee[4]). Aus einem sich überkreuzenden Geflecht aus Endloslinien ersteht eine Figur, die halb schreitend, halb schwebend über dem Boden die Hände wie zum Ausbalancieren des aufgerichteten Körpers mit viel zu großem Kopf ausgebreitet, sich in Bewegung gesetzt hat. Über die Zielrichtung ist nichts bekannt. Überläßt sich das Auge dem teils schwingenden, teils zackig geknickten Liniengerüst, das wie eine in labilem Gleichgewicht stehende Plastik aus gebogenem Draht im Wind zu schwingen scheint, so tritt die Deutlichkeit der figürlichen Darstellung zurück bis zu ihrer Auflösung. Die Eigenbewegung der Linien und ihre Indienstnahme durch den Künstler zum Zweck einer Darstellung halten einander die Waage.

Aus dem Hin und Her der zeichnenden Hand entsteht wie ungewollt eher beiläufig eine Figur, der Klee einen sprechenden Titel gegeben hat: „Kleiner Narr in Trance". Mit diesem Namen im Gedächtnis läßt sich die Betrachtung unserer Zeichnung noch intensiver vornehmen. So wie z. B. im Palazzo Ducale in Mantua die Behausungen der meist zwergwüchsigen Hofnarren in einem Zwischenreich, nämlich hinter den Wänden und Kaminen der offiziellen Repräsentationsräume, untergebracht waren, so läßt sich der gesellschaftliche Standort des Narren als wichtige Zone zwischen den Machtblöcken einer komplizierten und intrigenreichen Hofpolitik beschreiben. Wie gesagt, bei näherem Betrachten erkennt man in den zackigen Dreiecken und Vierecken die Ausläufer des berufsspezifischen Gewandes, die ausgefransten Enden des häufig mit Schellen versehenen

Narrenrockes. Neben und über der weit nach vorne ragenden langen Nase sind Umrisse einer Kopfbedeckung zu erkennen, die man in diesem Zusammenhang auch als Narrenkappe deuten darf. Die etwas unsicher wirkende Beinstellung wird zum Tanzschritt oder zur Begleiterscheinung eines Jongleuraktes, bei dem die beiden ausgestreckten Arme nicht vorhandene Bälle kreisförmig durch die Luft sausen lassen. Der zweite Teil des Titels „in Trance" deutet weniger auf artistische Jongleurtätigkeit als auf ekstatisches Tanzen hin, wie es von mittelalterlichen Saturnalien überliefert ist.

Bei einer Zusammenfassung der wichtigsten Beobachtungen zu Paul Klees in mehreren Variationen vorhandenen und u. a. von Otto H. Förster, Werner Haftmann, Joachim Büchner und Lorenz Dittmann[5] ausführlich diskutierten Darstellung lassen sich folgende Komponenten der Reihe nach hervorheben:

1. „Über den ‚toten Punkt' hinwegsetzen."
2. Das Aufrichten aus der Horizontalen.
3. Waagerechte und senkrechte Kräfte sind durch viele hin und her gerichtete Schwingungen ausbalanciert.
4. Abstrakt (Liniengerüst) und figürlich („Narr in Trance") zugleich.
5. Mit der Titelfindung erfolgt eine Namensgebung, die als Verbindung von Anschauung und Benennung zu interpretieren ist, Aneignung als Anteilnahme – Übersetzung der Sprache der Dinge (Linien) in die des Menschen durch Namen (vgl. Walter Benjamin[6]).
6. Der Narr agiert aus der Position der Machtlosigkeit, er unterläuft mit seiner Narrheit herrschende Realitätsprinzipien, weicht von der Norm ab und macht sie damit als historisch gewordene und damit veränderbare sichtbar, die Rolle des Narren reicht von der Antike bis in die Gegenwart und ist immer wieder auch Gegenstand künstlerischer Beschäftigung gewesen.

3) Zit. nach Ausstellungsführer Entartete „Kunst", Berlin 1937, S. 25.

4) Paul Klee, Schöpferische Impressionen, Berlin 1920, zit. nach P. K. Bildnerisches Denken, Basel 1956, S. 76.

5) Otto H. Förster in: Die Sammlung Strecker im Wallraf-Richartz-Museum, Kat. Köln 1959. Werner Haftmann, Paul Klee: Wege bildnerischen Denkens, München 1957, S. 149 f. Joachim Büchner Zu den Gemälden und Aquarellen von Paul Klee im Wallraf-Richartz-Museum, in: Wallraf-Richartz-Jahrbuch Nr. 24, Köln 1962, S. 359 ff. Lorenz Dittmann, Kat. Künstler der Brücke, Saarbrücken 1980, S. 25 f.

6) Walter Benjamin Über Sprache und über die Sprache des Menschen, in: Angelus Novus, Frankfurt a. M. 1966, S. 9–26.

7. Trance als Methode der Öffnung von „Wahr-
nehmungspforten" (Aldous Huxley[7]) und Er-
fahrungsgrenzen (Ronald D. Laing[8]), als Zustand zwischen Bewußtem und Unbewußtem.
Mit dieser Aufreihung wird die Richtung angedeu-
tet, in die diese Ausstellung und die sie kommen-
tierende Untersuchung zielt. Mittelpunkt ist das
Transitorische, das sich – wie Büchner es schon
herausgestellt hat – auch in der Darstellung Klees
antreffen läßt, nämlich in der sich in „fortwähren-
der Veränderung" befindenden Gestalt des Narren. Es geht hier nicht nur um die artistische
Anstrengung zur Erreichung eines Innehaltens
ohne Stillstand (etwa beim Seiltanz), sondern
vielleicht noch mehr um die in Bildwerken aller
künstlerischen Gattungen mehr oder weniger realisierten Zustände einer immer auch gefährdeten
„balance of mind".

7) Aldous Huxley *Die Pforten der Wahrnehmung. Meine
Erfahrung mit Meskalin*. München 1964 – s. a. Imogen
Seger: *Das Bewußtsein auf der Schaukel. Soziale Funktion und Kontrolle der Halluzinogene*. MS einer Sendung
des NDR vom 29. 6. 1980.

8) Ronald D. Laing *Phänomenologie der Erfahrung*. Frankfurt a. M. 1969 – dazu: Jean Amery: *Die Welt der Irren
und die irre Welt, so faszinierend wie irritierend: die
Aufsätze des Psychiaters Ronald D. Laing*. in: Die Zeit,
Nr. 9, Hamburg, 27. 2. 1970.

# I. Seiltanz als Paradigma für Grenzbeschreitung

Seit etwa 15 Jahren ist der Begriff „Grenzüberschreitung" aus dem Vokabular eines immer breiter werdenden Stromes von Texten über die Kunst der Gegenwart und ihre wichtigsten, auch wechselnden Väter (Picasso, Matisse, Marcel Duchamp, Kurt Schwitters, Max Ernst, Francis Picabia, Jackson Pollock, Joseph Beuys, John Cage, Ives Klein u. a.) nicht mehr wegzudenken. Wollte man dieses Faktum ironisch kommentieren, so könnte man auf die Analogie der im Bereich von Freizeit, Fernsehen und Tourismus auftretenden, immer populärer werdenden „Grenzüberschreitungen" hinweisen. Die in den von ganz neuen Industriezweigen geplanten und veranstalteten (Club Méditerranée, Robinson etc.) Ferien durchgeführten Überschreitungen von geographischen und anderen Begrenzungen werden am Abend im Fernsehsessel spielerisch wiederholt: Nicht nur Sendungen wie „Spiel ohne Grenzen" erzeugen das Gefühl von grenzenloser Freiheit. Im intellektuell anspruchsvolleren Milieu stoßen wir auf die „Anything-goes"-Mentalität der Postmoderne, die vor allem von den seit gut zehn Jahren in Mode befindlichen französischen Philosophen und ihren Adepten propagiert wird. Dieser auf diese Weise in Mißkredit gebrachte Begriff hat ja in sich selber auch eine Schwäche, die ihn z. B. für den Ferntourismus benutzbar macht. Die zentrale Schwäche dieses, wie gesagt, auch in der Kunstkritik gern gebrauchten Begriffes wird deutlich bei der Frage nach der anderen Seite, nach dem Wohin. So wie der Tourismus jenseits der Grenze die Verhaltensstrukturen, die diesseits herrschen, zu reproduzieren hilft, so wiederholt der Nachfolger von Richard III. bei Shakespeare, der „edle Richmond", die Praktiken der Machtausübung seines Vorgängers: Es hat sich also bei der Überschreitung der Grenzen nichts geändert. Kunst kann sich (mit direkten Folgen für Künstler und Rezipienten) durch bloße Überschreitungen ihrer gattungsspezifischen Grenzen (Malerei, Skulptur, Zeichnung, Klang, Performance etc.) oder Überwindung ihrer sozial („Schwellenangst") oder räumlich (Museum, Kunsthalle, Konzertsaal, Künstlerhaus etc.) bedingten Einschränkungen nicht wesentlich verändern. Veränderung ist aber eine zentrale Eigenschaft von Kunst. Nur ist die Veränderung nicht als irgendwie gearteter, von außen bestimmbarer Fortschritt, sondern wesentlich als Selbstveränderung innerhalb des komplizierten Beziehungsgeflechtes Kunstwerk/Künstler zu denken. John Cage hat gegen vorhandene, vor allem in der „Neuen Malerei" gegenwärtige Ansichten betont: Nicht „selfexpression", sondern „selfalteration" sei sein künstlerisches Anliegen. Wie ist diese künstlerisch und allgemein menschlich zu verstehende Selbstveränderung möglich?

Hier nützt – wie meine These lautet – weniger die Überschreitung einer wie immer auch gearteten Abgrenzung. Statt dessen möchte ich lieber von der Beschreitung einer Grenze sprechen, als einer Handlung, die der Künstler in exemplarischer Weise vornimmt und an der wir durch die Rezeption seines Werkes teilhaben können.

## I.1 Über die Lust[9] der Grenzbeschreitung

Zu den noch möglichen, weil noch nicht tödlichen, Abenteuern der Nachkriegsjugend gehörte die Beschreitung des sogenannten „Todesstreifen" der „Zonengrenze". Hier im Niemandsland konnte man sich mitten in Deutschland zwischen den beiden Machtblöcken befinden, die Verbindlichkeit der Grenze punktuell und momentan nicht ernst nehmen. Das Nichternstnehmen der von der anderen Seite gezogenen Grenze taucht auch in den verschiedensten Kinderspielen auf. Diese Lust, in den anderen Bezirk zumindest mit den Augen einzudringen, kommt gewissermaßen symbolisch zum Ausdruck, wenn man an den Spaß und das Vergnügen denkt, das man hat, wenn man z. B. auf der Begrenzungsmauer zu einem anderen Grundstück sitzt und von hier aus Einblick in beide Bereiche hat. Mit dem Blick über den Zaun zum Nachbarn wird die Einschätzung des eigenen Gebietes tendenziell verändert. Bei Bergwanderungen in den Alpen genießt man nach langem Aufstieg den Blick vom Joch, von der Scharte oder vom Gipfel auf die andere Seite. Als Grenzgänger betätigt man sich überall dort, wo Wege unmittelbar auf einer Landesgrenze verlaufen. Das Erlebnis solcher Gratwanderungen relativiert die Verbindlichkeit der bestehenden Grenzen. Es geht bei diesen Gratwanderungen also nicht um die eine oder andere Seite. Deshalb ist auch die Überschreitung einer Grenze nicht das Ziel des Künstlers. Es geht vielmehr um den Erfahrungsgewinn, der sich bei einem Aufenthalt in dieser Grenzsituation einstellen kann.

---

9) Franz Josef Görtz hat in der FAZ vom 20. 2. 1987 eine Glosse unter dem Titel *Neue Lust – Die Wiederkehr der Sinne* veröffentlicht. Ungern möchte ich mich mit meiner Formulierung „Lust an der Grenzbeschreitung" einreihen lassen in die Inflation des „Lust"-Gebrauchs („Lust am Denken", „Lust am Lesen", „Lust am Reisen" etc.). Auch meine ich nicht, daß diese auch kindliche Lust an der Grenzbeschreitung (ich denke an körperliche Erfahrungen einer annähernden Schwebelosigkeit, an Schwebezustände vor allem beim Spielen der Kinder: Schaukeln, Rollerfahren, Schlittschuhlaufen etc.) unter das von Görtz am Schluß zitierte Verdikt von Kurt Tucholsky fällt: „Was einer so auffällig ins Schaufenster legt, führt er meistens gar nicht."

## I.2 Das Bild vom Seiltänzer als Veranschaulichung von Grenzbeschreitung

Vergleicht man die Arbeit des Künstlers mit der des Seilartisten, so ergeben sich für die Bestimmung von Kunst Einsichten, die uns im Umgang mit Kunst und bei ihrem Verständnis hilfreich und dienlich sein können. Der absurde, weil zwecklose Balanceakt des Seilartisten macht eine Seite der Kunst deutlich, die vom Standpunkt des bürgerlichen Kosten-Nutzen-Denkens nach wie vor auf große Verständnisschwierigkeiten stößt. Der Seiltänzer betritt das unsichere Seil, nicht weil er auf diese Weise eine unzugängliche Schlucht, einen Fluß oder einen Sumpf überquert, nicht also, um an das andere Ufer zu gelangen. Er kehrt ja gleich wieder an seinen Ausgangspunkt zurück. Nein, es geht dem Seiltänzer um die Erfahrung, die er während des Balanceaktes gewinnt, um den Zustand des labilen Gleichgewichtes, den er unmittelbar körperlich erfährt.

Wenn man den Balanceakt als Paradigma künstlerischer Tätigkeit interpretieren will, so kann man leicht als zu zeitbezogen kritisiert werden. Nach dem Optimismus der 60er Jahre tritt der Künstler weniger als visionärer Seher, sondern mehr als skeptizistischer Zauderer auf. Das bewußte Einnehmen eines äußerst labilen Gleichgewichts könnte als Spezifikum einer ernüchterten Nachmoderne verstanden werden und damit seine Gültigkeit für andere Epochen verlieren. Natürlich soll hier auch kein überzeitliches Interpretationsmodell künstlerischer Arbeit entdeckt oder konstruiert werden. Gleichwohl beansprucht diese thesenartige Untersuchung Gültigkeit für ein breiteres Phänomenfeld als den engen Zeitraum der nachsechziger Jahre. Am Anfang unserer Beispielreihe stehen Arbeiten von Goya, T. T. Heine und Otto Dix, die das Thema des Seiltanzes in einem völlig anderen Sinn zum Inhalt haben.

Francisco Goya, „Disparate Puntual" („Präzise Torheit"), 1815–1824, Radierung und Aquatinta, 24,5×35 cm

## I.2a Francisco Goya: „Disparate Puntual" (Präzise Torheit) 1815–1824

Das Balancethema spielt im Werk von Goya zwar keine dominierende Rolle, kommt aber in seinen verschiedenen Ausprägungen kontinuierlich vor. Waren es im Frühwerk Darstellungen auf der Schaukel, eingebettet in eine ungebrochene Rokokotradition, so tauchen im Spätwerk zwei Radierungen[10] auf, die das ekstatische Außersichsein des Menschen im Zustand der Schwerelosigkeit auf ihrem Ritt durch die Luft veranschaulichen. Der Mann auf der Leiter, der mühsam die Balance hält und gerade dabei ist, mit einem großkalibrigen Hammer eine Statue zu zerstören[11], gehört schon in den weiteren Kontext der „Torheiten". Neben vielen Tanzszenen, bei denen der Dargestellte meist auf einem Bein auf der Schuhspitze balanciert, sind es vor allem die zahlreichen Varianten von Flugdarstellungen mit ihrer Mehrdeutigkeit, die einen möglichen Interpretationshintergrund für die abgebildete Seiltanzszene abgeben können. Schauplatz des Geschehens ist der Zirkus. Vor einer anonymen Zuschauermenge führt eine Seilartistin einen besonderen Balanceakt vor. Auf einem Schlappseil steht ein Pferd, auf dessen Sattel die Reiterin mit einem Bein steht, während das andere auf den Hals des Pferdes gesetzt ist. Mit der rechten Hand hält sie die Zügel. Der linke Arm ist ausgestreckt, um das Gleichgewicht zu halten.

Zugleich nimmt sie mit der Hand das Ende des Zügels auf. Auf den ersten Blick scheint der Blattitel „Präzise Torheit" die Kritik des Künstlers an einer derartig waghalsigen, schon halsbrecherischen Aktion auszudrücken. Die Torheit wäre dann in erster Linie die Eigenschaft der Artistin. Diese Interpretation würde durch eine andere Seilaktszene Goyas gestützt, bei der mit einem balancierenden Geistlichen, der seine segnenden Arme nur zum Balancieren ausbreitet, die Haltung der Kirche parodiert werden soll. Die Bildunterschrift „Hoffentlich reißt das Seil" verdeutlicht diese Lesart.[12] Betrachtet man die Szene im Zirkuszelt jedoch genauer, dann ergibt sich eine zweite Adressatengruppe für die Eigenschaft „Torheit". Auf der abgebildeten Radierung schwebt die Zuschauermasse frei im Raum. Beide, die Zirkusartistin samt Pferd als auch die Gruppe der Zuschauer, hängen ungesichert, gewissermaßen

10) Die Radierungen „Alte Frau auf einer Schaukel" und „Alter Mann auf einer Schaukel" von 1826 sind im Kat. *Goya, Das Zeitalter der Revolutionen 1789–1830*, Hamburg 1981, S. 309, Nr. 279 und 280 abgebildet und kommentiert.

11) Die Tuschzeichnung „Er weiß nicht, was er tut", 1806–1812 trägt im Hamburger Katalog von 1981 die Nr. 167, S. 213.

12) Vgl. Kat. Goya, Hamburg 1981, S. 114, Nr. 63.

ohne Netz, frei in der Luft. Auf diese Mehrdeutigkeit, die das Charakteristikum nicht nur dieser Radierungsfolge von Goya ist, hat Werner Hofmann ausdrücklich hingewiesen. Welche Anhaltspunkte zur im folgenden zitierten weiterreichenden Interpretation der Hamburger Kunsthistoriker hat, die für unseren Zusammenhang wegweisend ist, bleibt leider offen: „Goya schlägt hier auf der Ebene der artistischen Schaustellung eines der großen Themen des unabhängigen und mithin vogelfreien Künstlers an: seine Selbstbestimmung und -rechtfertigung angesichts einer amorphen, passiven Menge, die sich im Hinterhalt zusammengeschlossen hat."[13]

Allgemein läßt sich diese aus vielen unaufschließbaren Mehrdeutigkeiten bestehende Lesart einbetten in das kunsthistorisch äußerst bedeutsame, ja revolutionäre Schaffen Goyas. Sein Werk vollzieht sich zwischen Aufklärung und Romantik, zwischen rationaler Kritik und künstlerischer Arbeitsweise, die aus Quellen der Intuition und der Empfindung gespeist ist. Mit diesen Werken voller Widersprüche vollzieht er den Bruch mit der Klassik und wird zu einem der wichtigsten Begründer einer Moderne, die trotz allen Invektiven der Postmoderne bis in die Gegenwart reicht.

## I.2b Die Darstellung des Seiltanzes im Dienst der politischen Karikatur

Th. Th. Heines Zeichnung „Germania auf dem Drahtseil", 1896, als Titelseite des „Simplicissimus".

Gegenstand der Darstellung ist die expansive Außenpolitik Kaiser Wilhelms II., die sich 1896 auch auf den Fernen Osten erstreckt. „Die Flottenpolitik des Kaisers und die imperialistischen Bestrebungen des Deutschen Reiches, die sich zu dieser Zeit auf China konzentrierten, erweisen sich in der Figur des jugendlichen, von Westen nach Osten auf einem Drahtseil tanzenden Germania als absurd; der Zeitpunkt scheint absehbar, an dem sie mit ihrem viel zu großen Schwert – d. h. auch ihrem auf militärische Aktionen gegründeten Machtanspruch – ins Meer fallen wird."[14] Das Lächerliche dieser jungen Dame mit dem Reichsadler auf dem Trikot wird durch das affektierte Hochheben des rechten Beines und wie schon erwähnt durch das übergroße Schwert noch verstärkt. Als Anregung konnte Heine auf Darstellungen der Seiltänzerin Marie Spelterini zurückgreifen, die 1876 als erste Frau die Niagarafälle auf einem Drahtseil überquerte. Heines Redaktionskollege beim „Simplicissimus", Frank Wedekind, hatte 1888 in der Neuen Zürcher Zeitung über derartige Sensationsveranstaltungen berichtet: „Über dem Niagarafall hatte die obdachlose europäische Seiltänzerei ihre haarsträubendsten Triumphe gefeiert."[15] Während es bei den tatsächlich ausgeführten Drahtseilakten um die Vorführung

spektakulär inszenierter Artistik ging, bei der der Drahtseilkünstler meist die einmal überschrittene Strecke auch wieder in entgegengesetzter Richtung zurücklegte, und die Schlucht der Niagarafälle nicht als real zu überwindendes Hindernis, sondern als gewaltige Naturkulisse nur zur Steigerung der Spannung und des Sensationsgrades diente, kommt in der Karikatur vor allem die Überschreitung einer Grenze in einer Richtung mit deutlichem Bestimmungsziel zum Ausdruck. Der Spott richtet sich in erster Linie auf die ungeeigneten Mittel und auf das falsch gesetzte Ziel. Es scheint so, als wenn der Karikaturist den Widerspruch zwischen einer zweckgerichteten Handlung und einer in ihrem Wesen zutiefst zwecklosen Aktion herausgespürt hat und als Mittel seiner politischen Satiren eingesetzt hat.

13) Werner Hofmann in: Kat. Goya, Hamburg 1981, S. 207.

14) Carla Schulz-Hoffmann in: Kat. *Simplicissimus. Eine satirische Zeitschrift.* München 1896–1944, München 1978, S. 239.

15) Zit. nach Erich Brinkmann/Günter Bose: *Seiltänzer und Seilläufer*, in Kat. *Zirkus Circus Cirque*, Berlin 1978, S. 118, 125.

Th. Th. Heine, „Die Drahtseilkünstlerin Germania . . .", 1898 (Titelseite des „Simplicissimus", Jg. 3, Nr. 1)

Otto Dix, „Balanceakt", 1922, Radierung, 29,9×19,5 cm

## I.2c Otto Dix „Balanceakt" 1922

Für Otto Dix war das scheinhafte Aufrechterhalten einer Ordnung nach dem völligen Zusammenbruch in materieller und moralischer Hinsicht als Ergebnis des Ersten Weltkrieges ein Zustand, den es galt, mit künstlerischen Mitteln zu demaskieren. Neben der abgebildeten Szene mit einem aberwitzigen Balanceakt, bei dem eine karnevalistisch maskierte Artistin mit ihrem Hinterteil einen Blumentopf und auf ihrer Nase einen kompletten Eßtisch mit den Attributen deutscher Gemütlichkeit (Brathähnchen, Tischlampe, Weinflasche, auf der seinerseits ein Dackel einen Handstand vollführt) balanciert, gehört auch eine mit Heines „Drahtseilkünstlerin" verwandte Darstellung „Internationaler Reitakt"[16] in unseren Zusammenhang. Als balancierende Reiterin nimmt sie das Motiv von Goyas „Präzise Torheit" auf. Beide Radierungen bilden mit acht weiteren Drucken die zehnteilige Mappe „Zirkus", die Otto Dix 1922 im Eigenverlag herausgebracht hat. Dix dient das Milieu des Zirkus als Metapher einer völlig aus den Fugen geratenen Welt. Damit distanziert sich der Künstler von den Expressionisten, für die Zirkus, Schaugewerbe und Varieté eine positive Bedeutung hatten. Der Balanceakt wird bei Dix zum Sinnbild von menschlicher Dummheit schlechthin, die in den Wirren der Nachkriegszeit besonders tolle Blüten trieb.

16) Abb. in *Otto Dix. Das graphische Werk*, hg. von Florian Karsch, Hannover 1967, S. 139.

## I.3 Tanz im Expressionismus

Wolfgang Rothe hat in seiner Untersuchung „Tänzer und Täter – Gestalten des Expressionismus" die Rolle des zwischen den Welten balancierenden Sonderlings innerhalb der menschlichen Gesellschaft vor allem im Bereich der Literatur ausführlich diskutiert. Exemplarisch für den Künstler als Außenseiter führt er die Figur des Narren ein: Er ist der von dem materialistischen Spießer, dem selbstgerechten Lebenspraktikus, geistfeindlichen „Realisten", gründlich verachtete und gehaßte Außenseiter, der Eigen-artige, buchstäblich Sonderbare, Ver-rückte – und damit der Ausgeschlossene, eine winzige soziale Randgruppe, die im handfesten Geschäft der Welt nicht zählt. Zugespitzt gesagt, ist der Narr das Antibild des „Bürgers", dessen geheimer Widersacher und bisweilen offener Gegner.[17]

Für den bildenden Künstler war es vor allem die Welt des Zirkus, die ihm die Möglichkeit der Befreiung aus der Enge bürgerlicher Normen bot. In exemplarischer Weise war es die Bewegung, die er in sich aufnehmen und mit Hilfe derer er sich aus der Starre lösen konnte. Der Zirkusreiter, jede Form der akrobatischen Schaustellung, der Seiltänzer, die Tänzerin waren in den Augen der jungen, im wesentlichen aus bürgerlichen Kreisen kommenden Künstler Verkörperungen ihrer Sehnsucht nach einer anderen Welt. Die Artisten des Körpers wurden zum Sinnbild einer künstlerischen Haltung, die mit ihrer Bewegung den Schritt vom Sein zum Werden vollzogen, die die Last eines drückenden Seins zugunsten einer Veränderung mit sich bringenden Werdens symbolisch von sich abwarfen.

Vor allem die Künstler der „Brücke" – die mit ihrem beinahe programmatischen Gruppennamen sich bewußt auf dem Weg zum anderen Ufer verstanden (in Bewegung) – profitierten von ihrer eher zwangsläufig als bewußt gewählten Nähe zum artistischen Milieu. Waren es in Dresden Kinder von Artisten (z. B. Milli und Fränzi), die ihnen als Modell dienten – richtige Modelle konnten sie sich wegen Geldmangels nicht leisten –, so bildeten in der Berliner Zeit Szenen aus dem Varieté, aus Tanzbars und Nachtklubs Vorlagen und Anregungen zu ihren ekstatischen Entwürfen. Während Erich Heckel und Max Pechstein die Ekstase des Tanzes, die spannungsgeladene Konzentration des Seilartisten in einer insgesamt eher ruhigen Darstellung vorführten, läßt sich bei Kirchner von Anfang an eine starke kompositionelle Umsetzung des Themas erkennen.

Alle Seiltanzszenen von **Erich Heckel** sind von einer extremen Ruhe gekennzeichnet. Aus waagerechten und senkrechten Linien ist ein harmonisches Konstruktionsgerüst gebaut. Der bzw. die aufgerichteten Körper verhalten sich zu Bildrand und Drahtseil wie Bäume in einer Landschaft. Das erregende und verunsichernde Wissen um die

Erich Heckel, „Seiltänzer", 1910, Radierung, 19,9×24,7 cm

drohende Gefahr, um das lauernde Risiko, teilt sich mehr erzählerisch oder durch die Farbe, nicht aber durch die Linie oder die Komposition mit. Die Radierung „Seiltänzer" von 1910, die gleichzeitigen „Drahtseilartisten"[18] oder die „Zirkus"-Szene auf dem Gemälde von 1909 in der Staatsgalerie Stuttgart sind Darstellungen von etwas Gefährlichem, selbst aber völlig ruhig, gesichert, ja man könnte fast sagen stillgestellt. Diese ruhige Geschlossenheit durch eine auf das Zentrum bezogene Gewichtsverteilung kommt auch dann zur Geltung, wenn so ekstatische Szenen wie die römische Tänzerin von 1909[19], die wie eine Can-can-Artistin auf einem Bein stehend das andere bis zur Scheitelhöhe ihres Kopfes hochwirft, oder der Handstand eines „Gummimenschen", der auf einem labil gelagerten Tischchen auf den Händen balanciert, während er die Beine nach rückwärts geklappt auf seinen eigenen Kopf gesetzt hat.

17) Wolfgang Rothe, *Tänzer und Täter – Gestalten des Expressionismus*, Frankfurt a. M. 1979, S. 11 f., vgl. auch Kat. *Unter der Maske des Narren*, hg. von Stefanie Poley, Stuttgart 1981.

18) Abb. in Kat. *Expressionisten. Sammlung Buchheim*, Feldafing 1981, Kat. Nr. 20 („Drahtseilartisten" 1910, Kaltnadelradierung).

19) Abb. in Kat. Buchheim, 1981, Kat. Nr. 14 („Römische Tänzerin" 1909, Kaltnadelradierung).

Erich Heckel, „Handstand", 1916, Radierung, 27,9×19,6 cm,
28,2×19,7 cm

Heinrich Maria Davringhausen, „Der Akrobat", 1920, Öl/Lw.,
178×99 cm

Auch das Gemälde von **Heinrich Maria Davringhausen** „Der Akrobat" von 1920, bei dem ein
äußerst labiler Gleichgewichtszustand vorgeführt
wird – der maskierte Künstler demonstriert den
einarmigen Handstand auf den Fingerspitzen –,
läßt in der Komposition nichts von Spannung und
Erregung erkennen. Die Widerholung des Schatten könnte der Vermutung Nahrung geben, daß
Davringhausen die Radierung von Heckel gekannt
hat.

Pablo Picasso, „O.T." (Widmungsblatt für Georges Bloch),
1967, Radierung, 21,5×17,5 cm

Pablo Picasso, „Salomé", 1905, Kaltnadel, 40×34,8 cm

**Picassos** zahlreiche Darstellungen aus dem Zirkus-
milieu strahlen die Ruhe einer körperlichen Sinnlichkeit aus, die das ganze Werk des spanischen
Meisters auszeichnen. Wie selbstverständlich, in
sich ruhend, steht die Artistin auf der Kugel. Die
das Symbol der Unsicherheit zum Ausdruck brin-
gende Darstellung der Göttin Fortuna, die Frau
auf der Kugel, wird bei Picasso umgedeutet zum
natürlichen, anmutsvollen Stehen. Sein Interesse
gilt nicht der Balance, sondern der körperlichen
Anmut und Sinnlichkeit. So wird der Tanz der
Salome, die in ihrer Nacktheit eine Cancan-Bewe-
gung vor den Augen des fetten Herodes vorführt,
zur erotischen Szene. Als Diagonale wird die
Tanzende in Picassos Radierung zum Sinnbild von
Eros und Thanatos, völlig eingebettet in eine
wohlabgewogene und beruhigte Blatt- und Raum-
aufteilung.

Unmittelbar teilt sich die Erregung bei Komposi-
tionen von **Ernst Ludwig Kirchner** mit, bei denen
die Achsen aus der Senkrechten kippen, die
Räumlichkeit sich in Bewegung auflöst. Sowohl
bei den „Panamagirls" von 1910[20] als auch bei der
„Zirkusreiterin" von 1912/13[21] läßt die schräge
Raumbühne, in der sich die Artisten tänzerisch
oder balancierend bewegen bzw. bewegt werden,
etwas ahnen von Trance.

20) Abb. in Kat. Buchheim, 1981, Kat. Nr. 97 („Die Panama-
Girls" 1910, Feder- und Tuschzeichnung).

21) Abb. in Kat. *Ernst Ludwig Kirchner*, Berlin 1980, S. 173.

Ernst Ludwig Kirchner, „Blaue Artisten", 1914, Öl/Lw.,
119×89 cm

Auf der Berliner Kirchner-Ausstellung, die wei-
tere Stationen in München, Köln und Zürich hatte,
wurde das große Ölgemälde „Blaue Artisten" von
1914 aus Privatbesitz gezeigt. Dieses Bild konzen-
triert noch einmal die Welt des Zirkus, indem es
eine Gruppe weiblicher Trapezakrobaten sowohl
von vorne als auch, die Perspektive des Betrachters aufnehmend, von unten zeigt. Der Heraus-
geber des Werkkataloges der Gemälde Donald
E. Gordon kommentiert das Bild folgendermaßen: „Wahrscheinlich ohne seinen Platz unter den
Zuschauern zu verlassen, hat Kirchner jene fast
universale Höhenangst bildlich wiedererschaffen,
vor der die Zirkusbesucher insgeheim erschauern.
In seinen bildlichen Sondierungen des Zirkus, so
wie in denen der nächtlichen Großstadtstraßen,
realisiert er voll die psychischen Möglichkeiten der
Verschiebung im Raum – des einzigen Aspektes
räumlicher Verformung, über den der moderne
Künstler verfügte und dessen Möglichkeiten noch
nicht durch van Gogh oder barocke und manieristi-
sche Künstler ausgeschöpft waren."[22] In dieser
Artistenszene – ähnlich wie bei einigen Groß-
stadtszenen, erstaunlicherweise mehr als bei den
Szenen, die unmittelbar thematisch Balanceszenen
darstellen, Seiltanz oder „Tänzerin" – teilt sich die
angespannte Erregung durch V-förmige Dreiecke
und natürlich durch die Farbgebung mit. Mehr als
die rein körperliche Balance, sucht Kirchner Szenen und Gestalten, die geeignet sind, den eigenen
psychischen Balancezustand anschaulich zu machen.

**Max Beckmann** war wie viele Künstler vor und
nach ihm ein begeisterter Zirkus- und Varieté-
Besucher. Die Vorführung reiner Artistik um ihrer
selbst willen ohne metaphysischen Hintersinn fas-
zinierte ihn. Gleichwohl wurden seine eigenen
Bilder, die sich thematischer Vorlagen aus diesem
Bereich – der sich nicht nur schichtenspezifisch als
„Zwischenreich" definieren läßt – bedienten, zu
gültigen Deutungen menschlicher Existenz. Neben
den Arbeiten, die mehr oder weniger deutlich
Aktionen aus dem Zirkus- und Varieté-Leben
aufgreifen und zu Handlungen verdichten, die in
den verengten Räumen einer spezifischen Formen-
sprache etwas über das Eingeengtsein menschlichen Lebens in einer modernen Welt zur Erscheinung bringen,[23] gibt es eine Vielzahl von Werken,
bei denen labiles Gleichgewicht, das Spannungsfeld von offenen und geschlossenen Räumen, physisch und psychisch zentrales Thema ist. Stürzende
Perspektiven, kippende und sich verschiebende
Raumkoordinaten, aufgeklappte bühnenartige
Flächen, die den Akteuren wenig Halt bieten, sind
die Elemente, aus denen der Magier Beckmann
immer wieder ein Tableau zaubert, in dem Freiheit
und deren Bedrohung bzw. Einschränkung die
zentralen Faktoren sind.[24] Bevor sich am Ende von
Beckmanns Leben das Gleichgewicht gewissermaßen symbolisch im Bild des „Stürzenden" (Abstür-
zenden) von 1950 auflöst,[25] gibt es eine Reihe von
Bildern, bei denen die senkrechten, die freie Mitte
des Raumes beengenden Formen noch zurückge-
drängt sind. Die Durchsicht bleibt offen. Aus dem
Innern des Zimmers öffnet sich der Blick in die

Max Beckmann, „Blick aus der Schiffsluke", 1934, Öl/Lw.,
27×21 cm

Max Beckmann, „Landschaft mit Vesuv", 1926, Öl/Lw., 82,5×24,5 cm, München, Bayerische Staatsgemäldesammlungen, Stiftung Günther Franke

freie Natur. Ist es in dem Gemälde „Blick auf das Meer (rot, grau, blau)" von 1928 noch die heitere Meereslandschaft mit Segelbooten, so zeigt die schräge Horizontlinie bei dem Gemälde „Blick aus der Schiffsluke" von 1934, wie schnell sich die heitere Balance in ein Innen- und Außenwelt durcheinanderbringendes Schwindelgefühl verwandeln kann. Völlig trostlos und festgefroren ist die Natur im Fensterdurchblick auf dem Gemälde „Winterlandschaft" von 1930. Formal am kühnsten hat Beckmann dieses bedrohte Gleichgewicht vielleicht auf seinem überaus schmalen Münchner Bild „Landschaft mit Vesuv" von 1926 zum Ausdruck gebracht. Die leicht gegeneinander nach innen kippenden Fensterflügel verstärken die Richtungsabweichung der vertikalen Achsen der Häuser und des ins extrem Steile ragenden Vulkankegels. Die dräuende Wolke über dem Gipfel vergegenwärtigt beinahe überdeutlich noch einmal die Bedrohung durch die auch schon kompositionell angelegte Instabilität.[26]

22) Zit. nach Kat. Kirchner, 1980, S. 202.

23) Darstellungen, die unmittelbar das Thema Zirkus und Varieté aufgreifen, sind die Gemälde „Varieté" von 1921 (WK 213), „Das Trapez" von 1923 (WK 219), „Varieté" von 1927 (WK 279) mit Seilakt, „Kleines Varieté" 1933 (WK 372), „Akrobat auf der Schaukel" 1940 (WK 547) und „Großes Varieté" von 1942 (WK 591), vgl. auch die Gemälde mit folgenden WK Nrn: 247, 277, 325, 436, 495, 536, 552, 634. Die „Luftakrobaten" von 1928 (WK 299) verlagern die artistische Vorführung in den Korb eines Fesselballons. Unter den Mappenwerken von Beckmann sind in unserem Zusammenhang „Die Hölle" von 1919 und der „Jahrmarkt" von 1922 von besonderem Interesse. Unter den 10 Radierungen mit Szenen aus der Welt der Kirmes werden die Blätter 7 „Das Karussel" und 8 „Die Seiltänzer" zu Sinnbildern. „Der Drahtseilakt wird zur Metapher für eine blinde Gesellschaft am Rande des Abgrundes und zugleich für den prinzipiellen Balanceakt menschlichen Lebens." Zit. nach Kat. *M. B. Retrospektive*, München 1984, S. 413.

24) Mit dem Gemälde „Kreuzabnahme" von 1917 und dem gleichzeitigen „Selbstbildnis mit rotem Schal" beginnt in Beckmanns Werk die räumliche Verspannung, die in der „Nacht" von 1918–1919, im „Frauenbad" von 1919 mit der Frau auf der Schaukel, in der „Synagoge" von 1919 und im „Traum" von 1921 ihren ersten Höhepunkt findet. Zu angespannter Ruhe gekommen ist diese Balance in seinen späten Selbstbildnissen und im Gemälde „Halbakt-Clown; Artist" von 1944 (WK 658), dem schönen Spätwerk aus dem Sprengel-Museum.

25) Vgl. Erhard und Barbara Göpel *Max Beckmann, Katalog der Gemälde* (Werkkatalog), Bern 1976, WK 809.

26) Die im Text erwähnten „Fensterbilder" sind im Werkkatalog unter folgenden Nummern zu identifizieren: „Blick auf das Meer (rot, grau, blau)" von 1928, WK 291, „Blick aus der Schiffsluke" von 1934, WK 409, „Winterlandschaft" von 1930, WK 333, „Landschaft mit Vesuv", von 1926, WK 251.

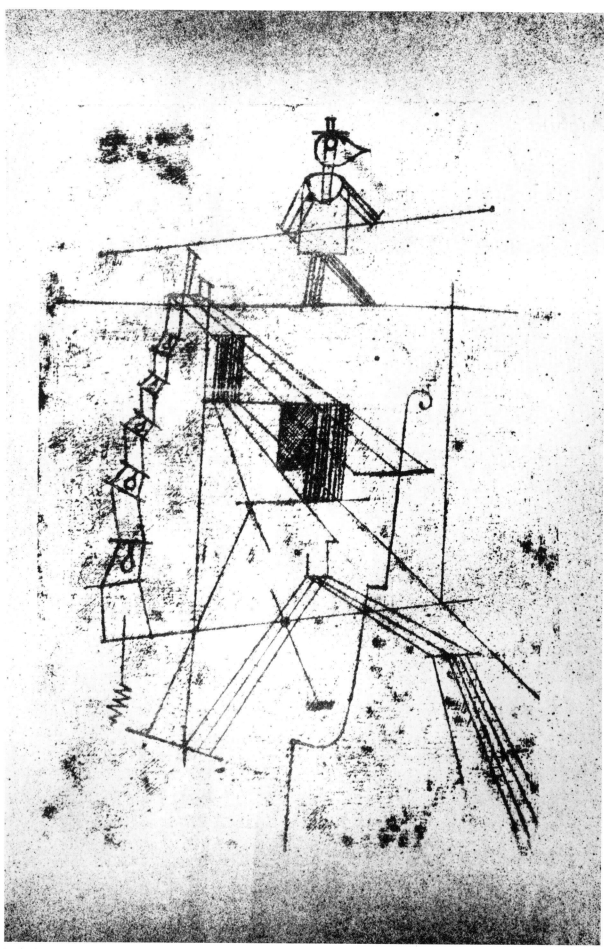

Paul Klee, „Seiltänzer", 1923, Lithographie mit roter Tonplatte, 44×26,8 cm, Sprengel-Museum, Hannover

## I.4 Paul Klee: „Der Seiltänzer" 1923

Klees „Seiltänzer" gehört in das geistige und chronologische Zentrum der Bauhauszeit. Neben dem Aquarell und der Zeichnung gab es eine Auflage von 300 Exemplaren, die für die Mappe „Kunst der Gegenwart" im Bauhaus gedruckt und in München verlegt wurde.[27] Es stellt damit ein weit verbreitetes Motiv dar. Wolfgang Kersten hat im Anschluß an Marcel Francisconi und O. K. Werckmeister das Blatt als Synthese des Gegensatzes zwischen Expressionismus und Konstruktivismus interpretiert. „Damit hat er (Klee, U. B.) aus seiner polaren Denkweise heraus Stellung bezogen zum Übergang vom Expressionismus zum Konstruktivismus, wie er am Bauhaus 1922/23 vollzogen wurde."[28]

Kersten nimmt Werckmeisters Beobachtung, daß Klee mit seinem Drahtseilgerüst an das neue Bauhaus-Signet von Schlemmer aus dem Jahr 1921 anknüpft, auf und interpretiert es als programmatische Entscheidung: „Über dem Signet balanciert der Seiltänzer. Er symbolisiert das Ideal des Ausgleichs vertikaler und horizontaler Kräfte."[29]

Klee selber hat in seiner Vorlesung vom 12. Dezember 1921, „4. Die Gewichtsempfindung als bildnerisches Element. Das Kräftegleichgewicht. Belastung und Gegenbelastung. Quantität, Qualität und ihre Relativität", den Seiltänzer mit seiner Balancierstange als „äußerste Verwirklichung des Symbols des Kräftegleichgewichtes"[30] bezeichnet. Etwas von Klees programmatischer Lehre wird auch auf einem Werbeprospekt für das Bauhaus: „junge Menschen kommt ans bauhaus" sichtbar. Hier sind exemplarische Abbildungen „kunst", „wirklichkeit" und „leben" mit der Überschrift „von pol zu pol geht alle bauhaus-arbeit" verbunden.[31] Der „Seiltänzer" ist in der Literatur mehrfach ausführlich beschrieben worden. Ich zitiere mehrere sich ergänzende Charakterisierungen in chronologischer Abfolge:

„. . . ein Seiltänzer gewiß, sofort zu erkennen und doch mehr als nur der Jahrmarktspuk eines Männchens, das hoch oben auf dem Seil zu Ansehen kommt: die gewagte Balance auf der dünnen Waagerechten, gespannt über der gebrechlichen Gerüstkonstruktion aus numerierten Teilen, gezogen über einem Stangengeschiebe, durch Spannungen in einem imaginären Raum gehalten, gleichgewichtig verlagert durch ein Pendel, das die Last des Schreitenden verteilt. Hoch über allem, er, der Waghalsige, der Mensch, die Puppe, mit vorstoßendem Willen, balancierend, marionettenhaft schreitend, den Kopf starr gehalten, im Zentrum des Körpers gefestigt. Das Ganze geteilt durch ein magisches Kreuz, feststehend, Symbol des Gesetzes, vertikal geneigt, verschoben, dadurch Beängstigung auslösend, Verwirrung stiftend, zugleich

Illusion der Höhe und Gefahr, auf dämmerigem Grund zwischen ungewissen Tiefen nach oben und unten, die das Blatt beschneidet, die weiterreichen in das Dunkle und Untergründliche.

Das Ganze typisch für Klee: ein unmittelbar Sichtbares, ein wirklich Vorhandenes ist abgründig verwoben mit dem Unsichtbaren und wahrnehmbar gemacht, weniger für den Verstand als für das Gefühl. Sein Werk ist eben nicht der Traum, sondern die Struktur, die Erfindung, *die Konstruktion des Geheimnisses* in den seltsamen Verwebungen der Welt. Er ist wie kein anderer voll Wachheit. Er erkennt und durchschaut mitleidend, im Menschlichen und Übermenschlichen, im Zeitlichen und Überzeitlichen, im Natürlichen und Übernatürlichen, untrüglich die notwendigen Störungen, die das Ganze im Gleichgewicht halten."[32]

„Die subtile Zeichnung des Seiltänzers auf seinem Gerüst ist einem Raumgrund von lichtem Rosa einprojiziert. Aus diesem ausgespart ist ein hohes, schmales Kreuz, das das ganze Blatt durchteilt. Klee nimmt das gauklerische Schweben des Seiltänzers in feinem Humor wörtlich: Mit einem Kunstgriff befestigt er das Gerüst an dem großen Kreuz. Die ins Schweben gehobene Figurine des

27) Glaesemer schreibt über die Entstehung „Im Fall des ‚Seiltänzers' ging Klee sogar noch einen Schritt weiter: Er gestaltete die Zeichnung nicht nur zu einem Aquarell um, sondern übertrug sie auch auf den Lithostein und vervielfältigte sie in einer Auflage von 300 Exemplaren als Beitrag der Mappe ‚Kunst der Gegenwart'. In der Mappe waren insgesamt sechs Blätter von folgenden Künstlern: Beckmann, Corinth, Grossmann, Heckel, Klee, Meseck, vgl. Jürgen Glaesemer *P. K. Handzeichnungen* II, Bern 1984, S. 20.

28) Wolfgang Kersten in: Kat. *P. K. als Zeichner* Berlin 1985, S. 161. Kersten weist auf folgende Veröffentlichungen hin: Marcel Francisconi, *Walter Gropius and the Creation of the Bauhaus in Weimar: The Ideals and Artistic Theories of its Founding Years*, Urbana, Chicago, London 1971; O. K. Werckmeister: *Versuche über Paul Klee*, Frankfurt a. M. 1981 (Aufsatzsammlung).

29) Kersten, 1985, S. 161.

30) *Paul Klee, Das bildnerische Denken*, hg. von Jürg Spiller, Basel/Stuttgart 1956, S. 197 ff.

31) Abb. zu Magdalena Droste, *Wechselwirkungen – Paul Klee und das Bauhaus*. Weimar: „Wir begannen da mit einer Gemeinschaft". In Kat. Paul Klee als Zeichner, Berlin 1985, S. 38.

32) Hans-Friedrich Geist: *Landschaft mit Vögeln* – 1923, in: *Das Kunstwerk*, Baden-Baden Bd. 7, 1953, Heft 3/4, S. 48 f., vgl. Paul Klee . . . Didaktische Information, Kunstmuseum Hannover mit Sammlung Sprengel (heute Sprengel-Museum), bearbeitet von Renate Reunig und Udo Liebelt, Hannover 1981.

33) Eva Stahn, *P. K.* Stuttgart o. J. (ca. 1980).

Seiltänzers, Marionette mit Vogelkopf, führt eine lange Balancierstange mit sich. Mit ihr stellt sie, abwägend, das Gleichgewicht her (. . .)"[33]

Über die Herkunft des Motives vom balancierenden Seiltänzer vermutet Kersten, daß Klee es aus Nietzsches „Also sprach Zarathustra" übernommen hatte: Dort heißt es in der Vorrede: „Der Mensch ist ein Seil, geknüpft zwischen Tier und Übermensch – ein Seil über einem Abgrunde. Ein gefährliches Hinüber, ein gefährliches Auf-dem-Wege, ein gefährliches Zurückblicken, ein gefährliches Schaudern und Stehenbleiben. Was groß ist am Menschen, das ist, daß er eine Brücke und kein Zweck ist: was geliebt werden kann am Menschen, das ist, daß er ein Übergang und ein Untergang ist."[34]

So wie der Übergang von der expressionistischen Darstellung des Tanzes oder der artistischen Vorführung (Seiltanz) zur Komprimierung des Balancethemas im Bereich der Komposition bei Kirchner und Beckmann und schließlich bei Klee fließend ist, so vollzieht sich in Klees eigenem Werk der Schritt von der figürlichen Welt zur reinen Abstraktion gewissermaßen übergangslos. Klees Verkörperung einer „Waage", der kleine Seiltänzer, der sich ohne weiteres in das Umfeld einer Folge von Arbeiten mit Artisten, Akrobaten und Tänzern einreihen läßt, steht zugleich auch am Anfang einer Reihe, die ganz in die Ungegenständlichkeit führt. An deren Ende läßt sich das Aquarell „gewagt wägend" von 1930 aufführen, das ja auch in dem von Jürg Spiller herausgegebenen Vorlesungswerk „Bildnerisches Denken" zur oben schon erwähnten Dezember-Vorlesung Klees als Illustration Verwendung gefunden hat. Von hier ist der Zugang zu den in unserem Katalog im Mittelpunkt stehenden Arbeiten von Paul Klee, die jedes auf seine Weise ein mehr oder minder bedrohtes Gleichgewicht realisiert haben, offen.

34) Friedrich Nietzsche, Werke in drei Bänden, hg. von Karl Schlechta, Darmstadt 1973, Bd. 2, S. 281, zit. nach Kersten 1985, S. 161.

Paul Klee, „Gewagt wägend", 1930, Aquarell, 30,8×24,4 cm, Paul Klee-Stiftung Bern

# II. Paul Klee – „Im Zwischenreich"

In seinen „Erinnerungen an Sturm und Bauhaus" hat der Bauhausprofessor Lothar Schreyer über ein Gespräch in Paul Klees Atelier folgendes berichtet:

„Klee: ‚. . . der Himmel bewahre uns davor, daß wir einmal museale Erscheinungen werden!'
Schreyer: ‚Davor bewahre uns der Himmel! Sagen Sie: Wirken wir denn wirklich das Gleichgewicht, die Ruhe in allen Werken, von denen wir hoffen, daß sie gelungen sind? Wirken wir nicht vielmehr die Unruhe, und ist das Gleichgewicht der Bildkomposition nicht nur ein äußeres Gefäß, in dem die Unruhe kocht?'" (. . .)
„‚Wie entgehen Sie den Gefahren der Phantasie', warf ich (Schreyer/U. B.) ein.
‚Gut, daß Sie mich auf diese Gefahr festnageln. Die Phantasie ist in der Tat meine, Ihre, unser aller größte Gefahr und der fatale Irrweg der sogenannten Künstler, Ausweg für alle, die ohne Schau in die geistige Wirklichkeit sind und diese bewußt oder unbewußt vortäuschen. Wir müssen ganz aufrichtig und getreu der Bewußtseinsverlagerung dienen, die unsere Generation erfahren hat oder erfährt. Sie wie ich, und wir alle hier. Ich sage es oft, aber es wird manchmal nicht ernst genug genommen, daß sich uns Welten geöffnet haben und öffnen, die auch der Natur angehören, aber in die nicht alle Menschen hineinblicken, vielleicht wirklich nur die Kinder, die Verrückten, die Primitiven. Ich meine etwa das Reich der Ungeborenen und der Toten, das Reich dessen, was kommen kann, kommen möchte, aber nicht kommen muß, eine Zwischenwelt. Wenigstens für mich eine Zwischenwelt. Zwischenwelt nenne ich sie, da ich sie zwischen den unseren Sinnen äußerlich wahrnehmbaren Welten spüre und innerlich so aufnehmen kann, daß ich sie in Entsprechungen nach außen projizieren kann. Dorthin vermögen die Kinder, die Verrückten, die Primitiven noch oder wieder zu blicken. Und was diese sehen und bilden, ist für mich die kostbarste Bestätigung. Denn wir sehen alle das gleiche, wenn auch von verschiedenen Seiten. Es ist im ganzen und einzelnen das gleiche, über den ganzen Planeten, keine Phantasterei, sondern Tatsache um Tatsache. Wie ich dann bei der Schau, dem Erkennen, dem bildenden Erfahren die Gefahren der Phantasie vermeide, das kann ich nicht sagen. Das ist ein Geschenk. Ich weiß jedoch: wenn ich einmal aus Spielerei oder weil es so leicht ist, der Phantasie erlag, dann ist es mir recht übel zumute.'
‚Auch ich weiß von der Zwischenwelt, Klee. Aber es ist mir nicht gegeben, sie zu schauen und darzustellen. Ich muß mich hier ganz bescheiden.'
‚Auch ich muß mich bescheiden. Ich komme wahrscheinlich nie über die Zwischenwelt hinaus.

Sie ist auch gar nicht etwas so Wunderbares, wie es scheint, oder gar etwas Erhabenes. Sie ist sogar oft ein bißchen koboldhaft. Es scheint mir oft, als ob ich dort gar nicht recht ernst genommen, sondern reichlich ironisch behandelt werde. Wahrscheinlich stimmt es, was Sie mir einmal gesagt haben, daß die Zwischenwelt durchaus erlösungsbedürftig ist, im Sinne Ihrer christlichen Mystik.'"[35]

Klees künstlerische Existenz beginnt eigentlich mit dem Risiko der Berufswahl. Bilder mit Gleichgewichtsdarstellungen fangen etwa 1904 „Weiblicher Akt auf der Schaukel"[36] und 1906 mit dem Hinterglasbild aus Bern „Puppe an violetten Bändern"[37] an. Marionetten und Puppen sind für Klee Wesen im Zwischenreich. Mit der bekannten Tuschfederzeichnung „Weltenschaukel"[38] von 1914 aus der Albertina gelingt Klee eine erste gültige Realisierung von gefährdetem Gleichgewicht, das zusätzlich durch die politische Lage welthistorische Dimension erhielt. Mit großer intellektueller Prägnanz und außergewöhnlicher Anschaulichkeit hat der bedeutende Theoretiker und Bauhaus-Meister Klee in seiner Wintervorlesung 1921/22 das Thema Gleichgewicht ausführlich abgehandelt. Die zuerst durch den von Spiller herausgegebenen Band „Das Bildnerische Denken" 1956 gedruckte Vorlesung wurde in einer kritisch überarbeiteten Fassung 1979 zum 100. Geburtstag von Klee von Jürgen Glaesemer erneut veröffentlicht. Auch hier taucht der Begriff vom „Zwischenreich" auf.[39]

35) Lothar Schreyer: *Erinnerungen an Sturm und Bauhaus*, München 1956, zit. nach Felix Klee, *Paul Klee, Leben und Werk*, Zürich 1960, S. 249 f.

36) „Weiblicher Akt auf der Schaukel", 1904, Zeichnung 11,2×10,9 cm; Abb. in: Klee, Handzeichnungen I, Nr. 281, Bern 1976, S. 121. Vgl. auch „Akt auf der Schaukel", 1906. Abb. in: Klee, Farbige Werke, Nr. 12, Bern 1976, S. 65.

37) „Puppe an violetten Bändern", 1906, Hinterglasbild 24,3×16 cm; Abb. in: Klee, Farbige Werke, Nr. 11, Bern 1976, S. 65.

38) „Weltenschaukel", 1914, Tuschfederzeichnung 15,2×21,2 cm, Graphische Sammlung Albertina Wien, Abb. in Kat. *P. K. Das Frühwerk*, München 1980, S. 73, Nr. 227.

39) „Diese feste Haltung kann sich ihre Ruhe bewahren, auch etwas lockerer gebärden. Das ganze Gebaren kann in ein Zwischenreich wie Wasser oder Atmosphäre verlegt werden, wo keine Vertikale mehr vorherrscht (wie beim Schwimmen oder beim Schweben). Zwischenreich sage ich im Gegensatz zur ersten ganz irdischen Haltung." Zit. nach: *Paul Klee, Das Bildnerische Denken – Schriften zur Form und Gestaltungslehre.* hg. von Jürg Spiller, Basel/Stuttgart 1956, S. 91 f. „Das Zwischenreich der Atmosphäre oder seines/schweren Geschwisters, des Wassers, möge uns vermitteln/die Hand reichen, um später in den großen Weltraum/zu gelangen." Zit. nach *Paul Klee. Beiträge zur bildnerischen Formenlehre.* Einleitung von Jürgen Glaesemer, Basel/Stuttgart 1979.

40) „Stadt im Zwischenreich". 1921/63, 22×28 cm. H. G. Felix Klee, Abb. in Kat. P. K. Essen 1969, S. 64.

1921 entsteht die Zeichnung „Stadt im Zwischen-reich".[40] Aus Klees Vorlesungen ließe sich leicht eine ganze Reihe von Gegensatzpaaren aufstellen, „zwischen" denen sich seine Werke angesiedelt haben: Zwischen Himmel und Erde (Atmo-sphäre), irdisch/himmlisch, Kosmos/Chaos, Ruhe/Bewegung, statisch/dynamisch, Schwere/Schwung, männlich/weiblich, Subjekt/Objekt. Paul Klee mußte als Linkshänder rechts schreiben lernen. Wir sehen auf dem Portraitfoto aus Dessau 1930[41], wie Klee mit der linken Hand zeichnet. Eine Vielzahl von Zeichnungstiteln spielen auf dieses Zwischenreich an: „Polarität", „links-rechts", „Reize da und dort", „Zweifelsbewegt", „Gegend zwischen Ferner und Näher".[42]

Georg Schmidt hat in seiner Rede zur Gedächtnis-feier von Paul Klee in Bern am 5. Juli 1940 das Zwischenreich als die eigentliche Heimat des Künstlers herausgestellt:

„. . . Besonders beheimatet ist Klee in allen Zwi-schenreichen. Im Zwischenreich der Verwandlung der Nacht in den Tag und des Tages in die Nacht. Im Zwischenreich zwischen dem Gebauten und dem Gewachsenen, dessen von Klee besonders geliebtes Symbol der Garten ist – dieses seltsame Wesen zwischen dem Geregelten und dem Regel-losen, zwischen dem Zweckhaften und dem Zwecklosen, zwischen dem Gezähmten und dem Verwildernden, dieses seltsame Produkt der Sehn-sucht des Menschen nach dem Geformten und der Angst des Menschen vor dem Entfesselten, und zugleich der Sehnsucht nach dem Befreiten und der Angst vor dem Gefangenen."[43]

---

41) Vgl. unten Abb. S. 26.

42) Vgl. u. a. *P. K. Werkverzeichnis Handzeichnungen* Bd. I–III, Bern 1976–1979.

43) Georg Schmidt, auszugsweise abgedruckt in Kat. P. K. Essen 1969, S. 22 f.

Paul Klee, „Landhaus Thomas R.", 1927, Aquarell, 30,8×46,4 cm

Paul Klee, „Schichtungseinbruch", 1927, Aquarell, 31,3×46,7 cm

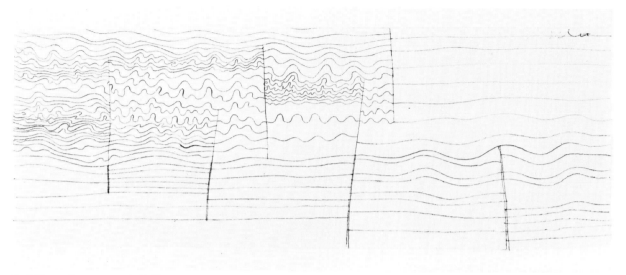

Paul Klee, „Bewegungen in Schleusen", 1929, Zeichnung, 10,6×30 cm

Paul Klee, Dessau 1931

„Nach 1930 entstand eine umfangreiche Folge darstellend geometrischer Zeichnungen, in denen sich Klee über Gleichgewichtsprobleme und Schwerelosigkeit Rechenschaft gab, deren Lösung er dann u. a. auf die Darstellung von Segelbooten anwandte. Diese geometrischen Figurationen stehen am Ende der Lehrtätigkeit Paul Klees am Bauhaus." Manfred Fath in: Kat. *Paul Klee: Innere Wege*, Ludwigshafen 1981, S. 23.

Paul Klee, „Schiffe – zwei plus eins", 1931, farbige Zeichnung, 27,7×47,8 cm

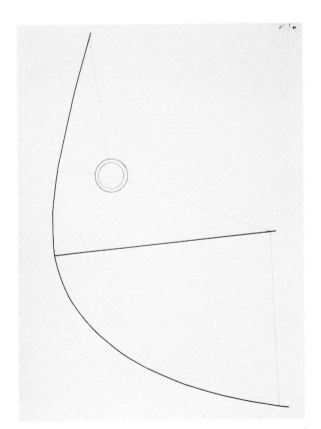

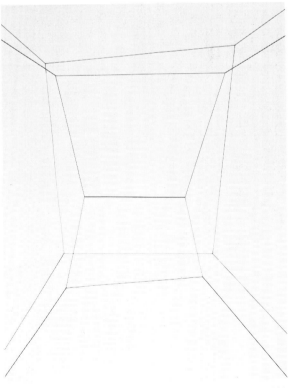

Paul Klee, „Modell 76 (profilartig)", 1931, Reissfeder auf Tusche auf Papier, 48×34,9 cm, Paul Klee-Stiftung Bern

Paul Klee, „Modell 101 und Modell 104 kombiniert", 1931, Reissfeder auf Tusche auf Papier, 63,5×48,3 cm, Paul Klee-Stiftung Bern

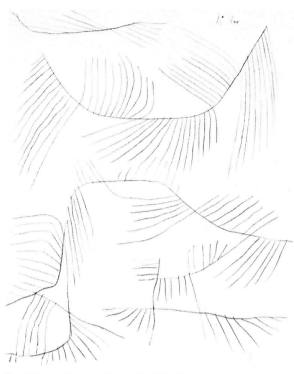

Paul Klee, „Erzwungener Ausweg", 1934, Zeichnung, 42,1×32,8 cm

Paul Klee, „Oben und Unten", 1938, Zeichnung, 27,1×21,5 cm

Paul Klee, „Landschaft am Anfang", 1935, Gemälde, 33,5×59 cm

Paul Klee, „abstraktes Ballett", 1937, Gemälde, 24,7×53,4 cm

Paul Klee, „Gabelungen und Schnecke", 1937, Zeichnung, 48,5×32,6 cm

Paul Klee, „harmonisierte Störungen", 1937, Aquarell, 50,5×31,3 cm

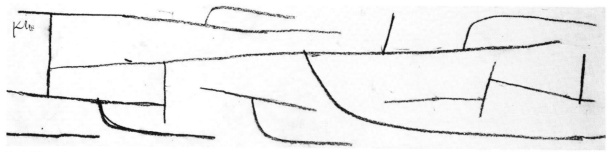

Paul Klee, „Schleusen“, 1938, Zeichnung, 9,1×38,7 cm

Paul Klee, „Tiere begegnen sich“, 1938, Gemälde, 42×51 cm

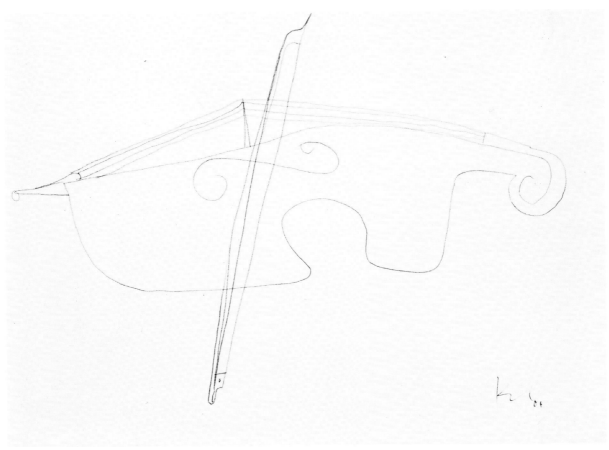

Paul Klee, „Geige und Bogen", 1939, Zeichnung, 21×29,7 cm

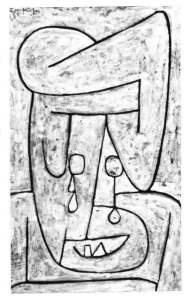

Paul Klee, „Verfluchende Frau", 1939,
Aquarell & Temperafarben, 32×23,9 cm

Paul Klee, „Licht badende Frau", 1939,
Aquarell, 29,5×20,8 cm

Paul Klee, „weinende Frau", 1939,
Aquarell & Temperafarben,
32,9×20,9 cm

Paul Klee, „Komiker spielt einen Reitunfall", 1939, Zeichnung, 29,3×20,8 cm

Paul Klee, „O.T." (seilspringende Frau), 1939, Zeichnung, 21×14,9 cm

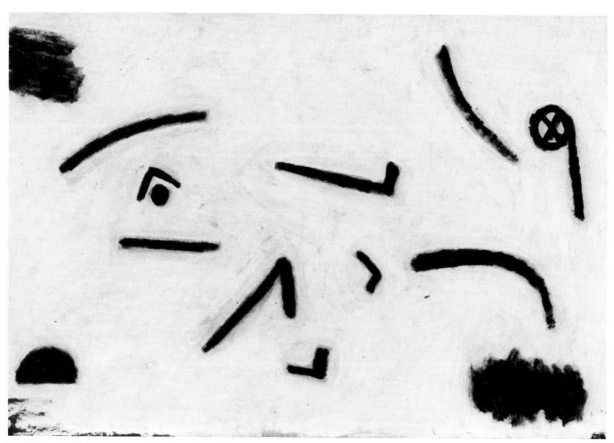

Paul Klee, „O.T." (Zeichen auf weißem Grund), 1940, Gemälde, 59×88,5 cm

Paul Klee, „Flügelstücke zu 1915, 45 ‚Anatomie der Aphrodite'", 1915, Aquarell, 23,4×19,4 cm

Paul Klee, „Transparent und perspektivisch mit dem Pavillon, 1921, Aquarell, 25,5×29,5 cm

Paul Klee, „Drei Türme", 1923, Aquarell, 32,8×23 cm

Paul Klee, „Garten am Bach", Aquarell, 27,5×30,3 cm

Paul Klee, „Studie", 1928, Collage, 41×41 cm

Paul Klee, „Der Schritt", 1932, Gemälde, 71×55,5 cm

Paul Klee, „Engel im Werden", 1934, Gemälde, 51×51 cm

Paul Klee, „Blick aus rot", 1937, Gemälde, 47×50 cm

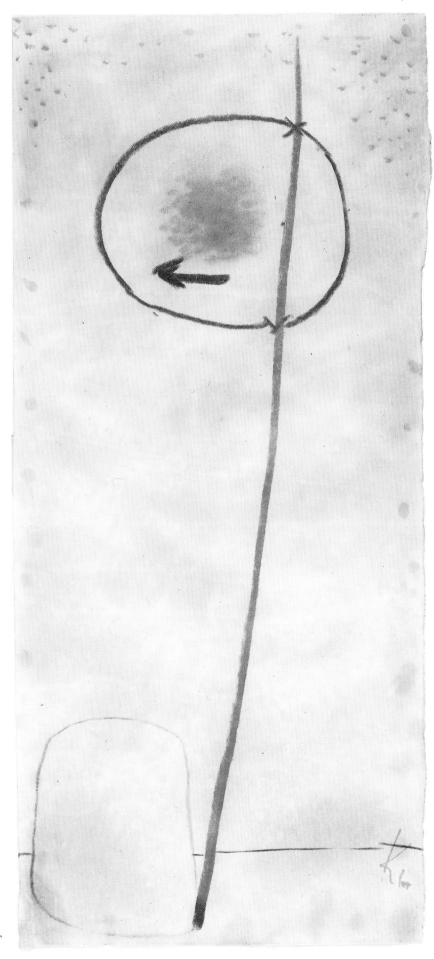

Paul Klee, „labiler Wegweiser", 1937,
Aquarell, 43,9×19,8 cm

Paul Klee, „Schwere Botschaft", 1938, Gemälde, 70×52 cm

42

Paul Klee, „Gedicht bei Tages-Grauen", 1938, Aquarell, 48,8×32,7 cm

Paul Klee, „Götzen-Park", 1939, Aquarell, 32,7×20,9 cm

44

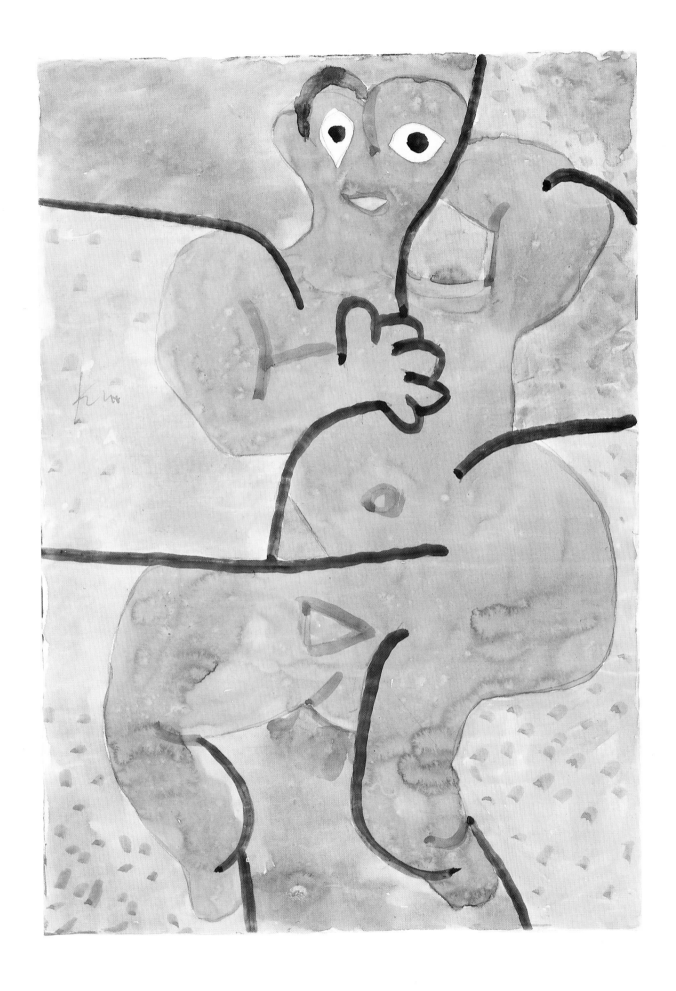

Paul Klee, „Licht badende Frau", 1939, Aquarell, 29,5×20,8 cm

Paul Klee, „Nach der Gewalt-Tat", 1940, Gemälde, 48,3×31,4 cm

# III. Zur Kunst der Gegenwart Auf der Suche nach einem neuen Gleichgewicht

„Die Kunst spielt mit den letzten Dingen ein unwissend Spiel und erreicht sie doch", Paul Klee, *Schöpferische Konfession* 1920

Wenn der zweite Teil des Katalogs mit einem Zitat von Klee eingeleitet wird, so bedeutet das nicht nur eine Huldigung an den Klassiker. Vielmehr stellt dieser Satz als Klammer den Zusammenhang zwischen Klassik und Moderne, zwischen Vergangenheit und Gegenwart, zwischen Ernst und Spiel, zwischen Wachsein und Trance her. Diese Einleitung soll aber nicht als Postulat einer ungebrochenen Kontinuität mißverstanden werden. Sie macht jedoch am Anfang dieses zweiten Teiles deutlich, wie sehr unsere Gegenwart von der Vergangenheit abhängt, wie eng die Mehrzahl der hier vertretenen Künstler mit Klee und dem Erbe der klassischen Moderne verbunden sind. Diese Nähe ist hier um so mehr zu betonen, weil landläufig der Bruch mit der Tradition vor allem in der medialen Vermittlung häufig im Vordergrund steht. So war in der Presse und damit zusammenhängend auch in der überwiegenden Meinung des Kunstpublikums eine Gemeinsamkeit zwischen Künstlern wie Klee und Beuys z.B. schwer auszumachen. Ja, es wurde immer wieder versucht, gerade die Ansätze von gegenwärtiger Kunst mit dem Verweis auf die klassischen „Altmeister" von vornherein zu kritisieren, sie lächerlich zu machen. Mit dieser Vorbemerkung im Hinterkopf läßt sich jetzt die veränderte historische und damit auch künstlerische Situation nach 1945 unvoreingenommen betrachten.

Mehr noch als nach dem Ersten Weltkrieg war die Welt, vor allem das die Hauptverantwortung für die unvorstellbare Barberei tragende Deutschland, nach 1945 aus dem Gleichgewicht. Den Künstlern, soweit sie nicht umgekommen oder emigriert waren, hatte es die Sprache verschlagen. Konnte 1918 die Auseinandersetzung mit den erlebten Kriegsereignissen noch produktiv sein, Grosz, Dix und Beckmann z. B. malten Bilder, in denen der Schrecken noch einmal gebannt war, so brauchten die Künstler ganz im Gegensatz zur übrigen Bevölkerung mit ihrer „Ärmelaufkrempelmentalität" sehr viel länger, um mit den völlig veränderten Bedingungen, den verschobenen Grenzen, den Möglichkeiten einer Erneuerung zurecht zu kommen.

Die künstlerische Reaktion auf die veränderte Welt fand um 1960 im Zusammenspiel vieler internationaler Kräfte einen ersten Höhepunkt. Während in London Ende der 50er Jahre die Pop Art geboren wurde, sammelte sich um das magische Wort „Zero", dem Startzeichen für die ersten Mondraketen, eine internationale Gruppe von Künstlern, die ausgehend von einer metaphysischen Basis, das Element Licht zum eigentlichen Bildproduzenten machen wollten. Yves Klein, Jean Tinguely und Lucio Fontana waren wichtige Anreger für die Düsseldorfer Zero-Gruppe, aber auch für die niederländische Fraktion „Nul" und die Künstler der Gruppe „Azimuth" (Manzoni, Calderara, Castellani u. a.) in Mailand. Karl Prantl begründete 1959 mit Bildhauerkollegen in St. Margarethen das erste europäische Bildhauersymposion. In Ulm starteten Max Bill u. a. den inzwischen wieder aufgegebenen Versuch, in Form der Hochschule für Gestaltung das Erbe des Bauhauses anzutreten. Auf der anderen Seite brach mit der internationalen Fluxus-Bewegung der zwischen Kunst und Leben errichtete Damm stückweise ein. Der große Optimismus, der sich überall Anfang der sechziger Jahre ausbreitete und der sich auch in den Miniröcken und in der Rock-and-Roll-Musik einer neuen Generation ausdrückte, fand auch in die Kunst Eingang. Erst jetzt war man so weit, die geistigen Strukturen, die in den dreißiger Jahren ins Verhängnis geführt hatten, abzulegen, bestehende Hierarchien aufzulösen. Erst jetzt hatte man eine Freiheit zurückgewonnen, das Erbe der Moderne, das vorzeitig aus politischen Gründen unterdrückt worden war, anzutreten und durch die eigene künstlerische Arbeit, die natürlich ganz anders aussah, zu erneuern. Vor diesem kunsthistorischen Hintergrund, der in den letzten Jahren durch Ausstellungen, Kataloge und andere Veröffentlichungen zusammengestellt, reflektiert[44] und damit der allgemeinen Aneignung zugänglich gemacht worden ist, erhält das Thema der Balance seinen historischen Ort. Die sehr unterschiedlich ausfallende Beschäftigung mit diesem für einen großen Bereich gegenwärtiger künstlerischer Produktion zentralen Problematik „Gleichgewicht", erhält auf diese Weise ihre eigene Authentizität. Sie wird damit in ihrer Eigenart erkennbar und läßt sich nun auch mit vorausgegangenen künstlerischen Äußerungen (Klee) vergleichen. Unterschiede und Ähnlichkeiten werden erst vor dieser historisch zu benennenden Differenz in angemessener Weise erkennbar. War Dädalus, der Erfinder des kretischen Labyrinths, das mythologische Vorbild für den Künstler als kühner Konstrukteur, als „deus artifex", zugleich Sinnbild des Ausgleichs, des Maßhaltens, des Ingenieurs des Fortschritts, der aber die ihm innewaltenden Grenzen niemals überschritt, so ist Ikarus als dessen mythologischer Sohn zugleich

---

44) Zur Kunst um 1960 vgl. *Aspekte der 60er Jahre,* Kat. der gleichnamigen Ausstellung in der Galerie Loehr, Frankfurt a. M. 1979; *Wendepunkt – Kunst um 1960* (Beuys, Klein, Kounellis, Manzoni, Rainer, Lo Savio, Twombly) Kat. Museum Hans Lange, Krefeld, Hg. Gerhard Storck; *Aufbrüche, Manifeste, Manifestationen, Positionen in der bildenden Kunst zu Beginn der 60er Jahre in Berlin, Düsseldorf und München,* Kat. Städtische Kunsthalle Düsseldorf 1984, Hg. Klaus Schrenk.

auch sein ihn komplementierender Gegenpol.[45] Läßt sich Dädalus als Identifizierungsfigur für den klassischen Künstler von der Antike über die Renaissance bis zum Bauhaus beschreiben, so tritt der immer schon anwesende Ikarus in der Vorstellungswelt der Gegenwart wieder häufiger hervor, ja er verdrängt seinen Vater gelegentlich sogar an den Rand des Geschehens. Als „dialektische Inkarnation eines Zwischenzustandes", der um die Möglichkeit seines eigenen Scheiterns weiß, wird die Figur des Ikarus zur metaphorischen Umschreibung künstlerischer Existenz im Schwebezustand.[46]

Exemplarisch für die Ausformung eines derartigen Bildentwurfes mag die Aktion von **Yves Klein** vom 27. 11. 1960 hier stehen. Auf der Titelseite einer von ihm für einen Tag herausgegebenen Zeitung im Format und im Layout der bekannten Sonntagsausgabe der Tageszeitung „France-Soir", „Journal du Dimanche" erscheint unter dem Titel „Der Maler des Raumes stürzt sich in die Leere" eine Photomontage, die zeigt, wie Yves Klein als „Mann im Raum" mit ausgebreiteten Armen in Horizontallage aus dem ersten Stockwerk eines Hauses auf das Trottoir einer menschenleeren Vorortstraße zu fliegen scheint. Der Autor von Kleins Monographie, Pierre Restany, kommentiert dieses „Dokument" (Photo als Wirklichkeitsbeweis): „Dieser ‚Mann im Raum' ist das Symbol für die Schwerelosigkeit, für die Selbstsublimierung (. . .). Das Wesentliche für Klein war die Bestätigung seiner Fähigkeit, oder vielmehr seines Rechts zu schweben, die durch dieses Dokument erzielt wurde."[47]

Dieses in der Mythologie aufgespaltene Bedeutungsvolumen künstlerischer Lebensweise in Dädalus und Ikarus läßt sich mit zeitgenössischen Begriffen gegenwärtiger Ästhetik kommentieren. Wir haben oben auf die Bedeutung des Tanzes für die Thematik von Gleichgewicht, Balance, Schwerkraft und Schwerelosigkeit hingewiesen. Noch einmal kann uns die Tätigkeit und das Bild vom Tanzen weiterhelfen. Wenn der Zeitgenosse der berühmten expressionistischen Tänzerin Valeska Gert 1921 in ihrem „bifrontischen Verhalten" eine Spannung erblickt, „in der sich die Bewegung als Sehnsucht, als Ungestilltes festhält, ohne die scheinbare Reife und Endlichkeit des Kunstwerks zu wollen", so hat der Autor nach Rothe nichts anderes als das „offene Kunstwerk" im Sinn.[48] An anderer Stelle hat Rothe eine programmatische Äußerung über die expressionistische Tanzform zitiert: „Tanz ist ein Suchen."[49] Als Bewegung, die öffnet, läßt sich Fontanas Schlitzen der Leinwand interpretieren. „Denken, seinen Pinsel bewegen ohne die Absicht ein Bild zu machen: eben das heißt Malen."[50] Auch dieser chinesische Spruch kann eine Ahnung vom offenen Kunstwerk vermitteln.

Als Bedingung zur Wahrnehmung des offenen Kunstwerks läßt sich das Innehalten in der Bewegung bestimmen. Auf dieses „Festhalten des Augenblicks" zielte ein wichtiger Akzent, den Uwe Rüth bei seiner Marler Ausstellung „Labile Skulpturen" 1985[51] setzen wollte. Rüth beschreibt Labilität als „nichts anderes als das Andeuten einer (drohenden) Bewegung im Raum, eines zeitlichen Ablaufs, der grundlegende Veränderungen mit sich führt". Die Überwindung der Schwer-

45) Zu Dädalus und Ikarus siehe den Aufsatz von Herwarth Röttgen, *Dädalus und Ikarus. Zwischen Kunst und Technik, Mythos und Seele* in: *Kritische Berichte*, 12. Jg., Heft 2 und 3, Fulda/Marburg 1984.

46) Vgl. Barbara Straka, *Der Sturz des Ikarus – Mythos und Realität in Beispielen der Gegenwartskunst*, in: Kat. *Ikarus, Mythos als Realismus in Beispielen der Gegenwartskunst*, NGBK Berlin 1985, S. 20–30. Straka verweist auf ein Statement von Günther Uecker zum „Scheitern": Er bezeichnet „das Scheitern als eine der wichtigsten Wahrheiten", als „die größte Dimension schöpferischen Erkennens", als die „intensivste Erfahrung, die ein Künstler heute machen könne". Straka zit. nach A. Seltzner/K. Meldner (Hg.) *Künstlerpech – Künstlerglück*, Berlin 1985, S. 104.

47) Vgl. Pierre Restany, *Ives Klein*, München 1982, S. 183 ff.

48) Vgl. Wolfgang Rothe, *Tänzer und Täter, Gestalten des Expressionismus*, Frankfurt a. M. 1979, S. 110. Zum Begriff des „Offenen Kunstwerks" im Bereich der Gegenwartskunst vgl. Ulrich Bischoff, *Das offene Kunstwerk – Strategische Merkmale eines veränderten Kunstbegriffs*, in: Kat. *Sip.* Berlin (Kunstquartier Ackerstraße), Berlin 1985 o. P.

49) Rothe, 1979, S. 105, Manfred Georgs Erzählungen „Ein Mensch von 1917".

50) Zit. nach Albrecht Fabri, *Variationen-Essays*, Wiesbaden 1959.

51) Vgl. Kat. *Labile Skulpturen*, hg. von Uwe Rüth, Marl 1985. Im Kat. sind folgende Künstler vertreten: Rolf Binder, Elena Engel, Erwin Herbst, Brigitte Jurack, Alfred Karner, Peter Könitz, Wasa Marjanov, Jan Meyer-Rogge, Klaus Müller, Wolfgang Nestler, Alf Schuler, Richard Serra, Eric Snell, Günter Thorn, Ulrich Weber, Michael Witlatschil (alles Bildhauer) – Jean-François Guiton, Dalibor Martinis, Anna Winteler (Video-Künstler). Rüths Vorbemerkung, daß ihm während der Jury Kunstpreis „Junger Westen" 1981 aufgefallen sei, wie viele junge Bildhauer sich mit dem Thema Balance abgeben, läßt sich von meiner Erfahrung bei den Jurys „Forum Junger Kunst" 1981, 1983 und 1985 bestätigen. Es scheint, als ob das Interesse für das ernste Spiel mit dem Gleichgewicht nach wie vor äußerst lebendig ist. Von den auf den drei Ausstellungen vertretenen Künstlern, die repräsentativ jeweils 5 bis 10 Prozent der Einreichenden darstellen, ließen sich folgende nennen, deren Arbeiten mehr oder weniger das Thema Balance zum Inhalt hatten: 1981: Hanna Frenzel, Hella Berent, Stefan Pietryga, Josef Sailsdorfer, Jo Schöpfer, Ilse Teipelke; 1983: Werner Erb, Gerhard Foltin, Micha Tristan Kuball, Ingerid E. Ljosland, Robert Schad, Karl Vollmer, Ulrich Weber; 1985: Thomas Böhmer, Sabine Funke, Jan Olav Hinz, Kristina Hoppe, Christoph Rihs, Oveis Saheb. Die aufgezählten Künstlerinnen und Künstler stehen exemplarisch für eine Vielzahl anderer, die nicht nur auf den Akademien, Werkkunstschulen, sondern auch in ihren Ateliers sich mit dieser Thematik auseinandersetzen.

Yves Klein, „Der Maler des Raumes stürzt sich in die Leere!", Fotomontage für die Zeitung „Dimanche", 27. November 1960

kraft durch Elevation, durch das Auffliegen im Sprung, ist das Ziel des Tanzes. Damit veranschaulicht er den „Sieg über die lastende Schwere des Lebens".[52]

Dieser Moment des Sieges wird vom Tänzer dadurch verlängert, daß er bestrebt ist, seinen „Sprüngen ‚ballon' zu geben . . . in der Sprungbewegung selbst den Rückfall zum Boden so zu verzögern, daß der Eindruck entsteht, der Tänzer schwebe im Raum, habe sich momentelang vom Naturgesetz der Erdanziehung des Körpers befreit".[53]

Definitorisch ergibt sich die Schwierigkeit, daß das Kunstwerk allgemein gesprochen sowohl ein Innehalten in der Bewegung i s t als auch zugleich diesen Zustand zu einem Bild geworden d a r - s t e l l t. Als Bild enthält es die geschichtlichen Komponenten des Gewordenseins (Vergangenheit), es macht etwas sichtbar, was unmittelbar präsent ist (Gegenwart), und es weist Merkmale eines möglichen Zustandes auf, es zeigt etwas, was noch nicht ist, aber werden kann (Zukunft). Diese umfassende Deutung des Kunstwerks umfaßt die erste Eigenschaft, Innehalten zu sein. Sie geht jedoch weit über das hinaus, was wir langläufig unter Darstellung verstehen. Damit setzt sie – auf unser Thema „Gleichgewicht" bezogen – auch die Unterscheidung illusionärer Darstellung von Labilität und Realisierung von Labilität außer Kraft. Beide Momente sind im Kunstwerk enthalten. Darstellungen mit Themen von Balancezuständen, wie sie in den letzten Jahren zahlreich mit zunehmender Tendenz gezeichnet, gemalt und gebaut werden, müssen sich mit den genannten Kriterien messen lassen. Der Künstler macht nicht etwas, weil er etwas erreichen (darstellen) will, sondern er macht etwas u n d erreicht etwas. Mit dieser Abkehr von einer auf bestimmte Zwecke ausgerichteten Handlung wird der besondere Charakter jeder künstlerischen Tätigkeit sichtbar. Gottfried Boehm hat in seinen Überlegungen zur gegenwärtigen Ästhetik im Anschluß an Josef Albers den Begriff der „Dialektik der ästhetischen Grenze" geprägt. Die ästhetische Grenze „grenzt an Wirklichkeit und Erkenntnis, an Objektives wie Subjektives, ohne in diese überzugehen. Sie ist der Übergang, der sich als Übergang erhält und als solcher existiert".[54] Als Existenz im Übergang kann man auch das bezeichnen, was Per Kirkeby mit dem Terminus „Unterwegs zwischen Zuständen" gemeint hat.[55] Wir haben schon anläßlich Klees „Zwischenreich", in dem der Künstler ein Gleichgewicht suchen muß, auf die verschiedenen Bereiche, zwischen denen man sich bewegt, hingewiesen. Kunstwerke, die sich „zwischen" etwas befinden bzw. diesen Zwischenzustand ins Werk setzen, wie z. B. P. L. Mols Arbeit „Streit zwischen Karneval und Fasching",[56] setzen mit ihrer immanenten und permanenten Kehrtbewegung den Betrachter im Nachvollzug frei von den jeweiligen dominierenden Faktoren. Diese als Freiheit

erfahrene momentane Loslösung setzt nicht nur beim Künstler Energien frei, um erneut diese Spannung auszuhalten, ohne sich auf die eine oder andere Seite fallen zu lassen. Die Zwischenbereiche werden auch im alltäglichen Sprachgebrauch zu den Gebieten, auf denen sich das tut, was uns am meisten betrifft. Wir lesen die wichtigsten Botschaften „zwischen den Zeilen", wir hören die spannendsten Klänge als „Zwischentöne". Zwischen Ernst („Ernst ist das Leben –) und Spaß (– heiter die Kunst") entwickeln sich Kunst und Leben zu ihrer wahren Gestalt. Als Aufhebung des Gegensatzes zwischen Klassik und Romantik vollendet sich das Kunstwerk der Gegenwart. Mit der Aufhebung dieses Gegensatzes geht einher die Auflösung der bisherigen Gattungsgrenzen. Gerade da, wo Künstler in einem für sie eher fremden Gebiet arbeiten, wo die angelernten Zunftregeln keine Bedeutung haben, entstehen für das Medium entscheidende Veränderungen, die rückwirkend für das Kunstwerk Öffnung und Bereicherung mit sich bringen.

Zusammenfassend soll hier noch einmal betont werden, daß es sich bei der Suche nach einem neuen Gleichgewicht nicht darum handelt, auf physikalischem Gebiet Gleichgewichtszustände dar- oder herzustellen. Vielmehr wird häufig das Gebiet der Schwerkraft, die Gravitation und ihre erfahrbare Auswirkung auf den Menschen und die ihn umgebenden Gegenstände zum Sinnbild für eine Existenzweise von Kunst überhaupt. Die Erfahrung, vermittelt durch Kunstwerke, die „ästhetische Erfahrung bricht die Möglichkeiten bestimmender Rede" (G. Boehm). Mit dem Wissen um diese Schwierigkeit wollen wir im Schatten des Künstlers verfolgen, wie diese Suche nach einem neuen Gleichgewicht im einzelnen aussieht und welche neuen Spannungszustände hierbei auf den verschiedensten Gebieten künstlerischer Arbeit erzeugt werden.


III.1 Joseph Beuys: „die kleine Närrin" 1956

Stand am Anfang unserer Betrachtung der „Kleine Narr in Trance" von Paul Klee, so läßt sich das kleinformatige Aquarell auf gelbem Schreibmaschinenpapier von Beuys ebenso als programmatische Einleitung für den zweiten Teil des Katalogs interpretieren. Mit dieser Arbeit soll das bei Klee träumerisch und analytisch vorgestellte Thema aufgenommen und weitergeführt werden. In ähnlicher Weise wie für Klees Zeichnung Allgemeingültigkeit beansprucht werden kann, so hat Beuys mit diesem $20,6 \times 14,5$ cm großen Blatt einem Zustand Ausdruck verschafft, der uns betrifft und dessen zeichnerische und plastische Ausformung in seinem Werk die internationale Bedeutung dieses wichtigsten deutschen Nachkriegskünstlers begründet haben. Dieses Blatt gehört zu einem größeren Konvolut von Arbeiten, die das von

Joseph Beuys, „die kleine Närrin", 1956, Wasserfarbe auf Schreibmaschinenpapier, 20,6×14,5 cm

seinem Lehrer Mataré schon vorformulierte Thema Weich/Hart, Fleisch/Skelett, Fließen/fester Körper etc. umkreisen. Bei Beuys erscheint die enge Verbindung von Mensch/Tier, von Kultur/Natur auch in seinen beiden Hauptbegriffen „Werden" und „Transsubstantiation". So wie der einem

David Smith, „Würfel XIX", 1964, rostfreier Stahl, 287,5×55×52,5 cm, The Trustees of the Tate Gallery, London

Carel Visser, „Sich paarende Vögel", 1953, geschweißtes Metallblech auf Betonsockel, 50×15×15 cm

Heideggerschen Begriff nahestehende Buchtitel des belgischen Physikochemikers Prigogine „Vom Sein zum Werden" den Übergang von einem Element ins andere, die chemische und physikalische Veränderung von Stoffen andeutet, so ist das Werk von Beuys auf die Veränderung des Bewußtseins angelegt. Zusammen mit der „kleinen Närrin" geben eine Vielzahl von gezeichneten, gemalten und aquarellierten Frauenkörpern[57] eine Ahnung von diesem Veränderungsprozeß. Ein erster Schritt dieser körperlichen und geistigen Bewegung kann die kaum merklich im Inneren des Körpers in behutsamen Wechselspiel zwischen Skelett und Muskeln vollzogene Schwerpunktverlagerung sein. Dünne Bleistiftstriche mit zarter Deckweißlavierung, Tintenstiftlinien mit Wasserfarben, harte Grate und weiche Verläufe sind die technischen Faktoren, aus denen Beuys auf billigem Papieruntergrund Balancezustände ins Bild setzt, die sichtbare Zeichen eines zerbrechlichen, neu aufgebauten Verhältnisses des Menschen zur Natur sind. „Seine Zeichnungen sind die sibyllinische Sprache einer wiederentdeckten Natur."[58] Hier läßt sich eine Verbindung zu Klee ziehen: Für den Bauhaus-Künstler ist der Mensch als aufrecht gehendes Wesen immer voll von „balancierender Aktivität".

Das Wissen um den Tod hat nicht nur das Werk von Klee und Beuys von Anfang an in entscheidender Weise geprägt. Das Leben des Menschen ist ein zeitlich begrenzter Sieg über die Schwerkraft, über die Materie. Er richtet sich auf, um sich zum Sterben wieder hinzulegen. Sein Leben wird zum

Bild dieses Sieges. Als Bild versöhnt es das Leben mit dem Tod, die Vertikale mit der Horizontalen, die Bewegung mit dem Stillstand. Dieses Bild herzustellen ist seit Beginn der menschlichen Kultur nach historisch sich verändernden Gegebenheiten Aufgabe der Kunst. Damit erhält die Beschäftigung mit Problemen der Gravitation eine über die physikalischen Faktoren hinausweisende Bedeutung.

Die Schwere des Materials und seine Starrheit zu überwinden, ist seit Gewinnung und Verwendung des Eisens Aufgabe und Geheimnis des Schmiedes. Diesem Handwerk sind auch frühe Arbeiten von **David Smith** gewidmet. Mehr noch als das „Haus des Schmiedes" von 1945 aus der Tate-

52) Vgl. Rothe, 1979, S. 60.

53) Gabriele Brandstetter: *Elevation und Transparenz. Der Augenblick im Ballett und modernen Bühnentanz*, in: *Augenblick und Zeitpunkt – Studien zur Zeitstruktur und Zeitmetaphorik in Kunst und Wissenschaft*, hg. von Christian W. Thomsen und Hans Holländer. Darmstadt 1984, S. 478. Zit. nach Rüth, 1985, S. 8.

54) Gottfried Boehm, *Die Dialektik der ästhetischen Grenze. Überlegungen zur gegenwärtigen Ästhetik im Anschluß an Josef Albers*, in: *Neue Hefte für Philosophie, Heft 5. Ist eine philosophische Ästhetik möglich?* Hg. von Rüdiger Bubner, Konrad Cramer, Reiner Wiehl, Göttingen 19.., S. 131 f.

Gallery in London, stellt die im Lehmbruck-Museum in Duisburg beheimatete Arbeit „Blackburn – Lied eines irischen Schmiedes" 1945–1950 den Triumph der menschlichen Erfindung, Phantasie und Bewegung über die Schwere des unbeugsamen Materials dar. Die Verknüpfung von „Lied" und Stahl deutet die scheinbar unmögliche Verbindung von Schwere und Schwerelosigkeit an. In musikalischer Leichtigkeit schwingt sich dem Willen des Schmiedes (Künstlers) folgend das manchmal tonnenschwere Eisen zu einem „Lied" empor. Benutzte der amerikanische Künstler ganz in der Tradition von Gonzales und Picasso am Anfang seines Werkes in erster Linie Fund- und Reststücke, aus denen er seine „Lieder" mit den Zehenspitzen zusammenschob, er selbst benannte diesen Vorgang „toing in",[59] um sie später zu abenteuerlichen Totems und Wegezeichen zusammengeschweißt aufzurichten, so entwickelte er seit 1963 Würfel-Skulpturen, die aus einer größeren Anzahl, speziell für ihn, industriell vorgefertigter, weitgehend standardisierter Teile zusammengesetzt sind. Die „Cubi" sind nicht nur der Höhepunkt im Werk von Smith. Sie sind haptisch und optisch erfahrbare Sinnbilder von Balance. Der Bildhauer „löste den Druck des zentnerschweren Stahls von der Standfläche, hebt ihn und bringt die Arbeit zum Schweben (. . .). Die bei Smith zu verspürende Bedrohung durch den labilen Aufbau ist hier dadurch umgangen, daß die Gefährdung der Arbeit nicht störend, sondern als ‚Erleichterung' aufgenommen wird: Nicht Zusammenbrechen wird gefühlsmäßig erfahren, sondern Aufstreben, Gehoben-Sein".[60]

Bevor **Carel Visser** 1965 die „Salamis" entwickelte – vom horizontal daliegenden Eisenbalken ausgehende Auflösungen fester Formen, die schließlich zur Konstruktion seiner nur mit Lederstreifen zusammengehaltenen Würfel, seiner schlaffen Kubus-Formen führte –, hatte er schon in den 50er Jahren Arbeiten gebaut, die aus Doppelformen, z. B. Spiegelungen und Reihungen, bestehen. Die Skulptur „Sich paarende Vögel" von 1953 zählt zu den frühesten Werken und läßt sich als Ausgangsform für eine Anzahl späterer Arbeiten (z. B. „Zwei Vögel" von 1954 und „Doppelform" 1957/58) interpretieren. Der äußerst labile Zustand, sinnbildlich im flüchtigen Moment der sich paarenden Vögel zum Ausdruck gebracht, ist immer auch bezogen auf den mitgedachten Horizont. Seine imaginäre Linie beinhaltet die Spiegelung, die Vertauschbarkeit von oben und unten. Damit wird der prinzipiell Hierarchien in Frage stellende Charakter von Vissers Skulpturen deutlich. Die Auflösung physikalischer, politischer und psychologischer Blöcke wird zum zentralen Thema in Vissers Werk.[61]

Handelte es sich bei den Skulpturen von David Smith und Carel Visser um die Konstruktion eines labilen Gleichgewichtes im Medium der Veranschaulichung, d. h. aller vermeintlichen Labilität

Richard Serra, „Corner Prop No. 4", 1983, Stahl, 150×150×5 cm, 195×150×5 cm

55) Bezogen auf die Versuche der Archäologen, die Ruinen der Mayas zu rekonstruieren, schreibt Kirkeby: „Es ist falsch und unwissenschaftlich, die wirklichen Dinge umzuformen. Die einzige Wirklichkeit, die vorhanden ist, sind diese überwucherten Bunker mitten zwischen Natur und Kunst, halb der einen, halb der anderen Welt zugehörig, unterwegs zwischen Zuständen."
Zit. nach Kat. *Per Kirkeby Übermalungen 1964–1984*, München 1984, Luise Horn: *Unterwegs zwischen Zuständen.*

56) Titel einer 11teiligen Photoarbeit von P. L. Mol, aus dem Jahre 1980, ca. 180×360 cm.

57) Erwähnt seien die Arbeiten „Mädchen" 1949, Bleistift und weiße Deckfarbe, 21,1×29,8 cm, Abb. Nr. 22 in: *Joseph Beuys. Bleistiftzeichnungen aus den Jahren 1946–1964*, Frankfurt/Berlin/Wien 1973, „Ballettmädchen", 1950, Tintenstift und Wasserfarbe, 21×29,6 cm, Abb. in: *Joseph Beuys. Arbeiten aus Münchner Sammlungen*, München 1981, Abb. Nr. 21, „Mädchen mit zwei Sieben". 1955/56, Bleistift 20,8×29,1 cm, Abb. Nr. 76 in: *Bleistiftzeichnungen*, 1973; „Figuren" 1957, Bleistift, 30×20,9 cm, Abb. Nr. 92 in: *Bleistiftzeichnungen*, 1973.

58) Heiner Bastian, in: Kat. *Joseph Beuys, Zeichnungen*, Bern 1983, S. 17.

59) Vgl. Jörn Merkert, *Bildhauerei hat keine Regeln. Zur Skulptur von David Smith*, in: *David Smith, Skulpturen, Zeichnungen*, München 1986, S. 43.

60) Uwe Rüth: *Die labile Skulptur*, in: Kat. *Labile Skulpturen*, Marl 1985, S. 7.

61) Zu Carel Visser vgl. Kat. Carel Visser, London 1978, und Hajo Antpöhler, *Wendepunkt um 1960, Jan Schoonhoven, Ad Dekkers, Carel Visser*, in: Kat. *Gesignaleerd. Neue Kunst aus den Niederlanden*, Kiel 1983, S. 56–63.

waren durch feste Schweißnähte deutliche Grenzen gesetzt, so bildet die tatsächlich im Gleichgewicht gehaltene Konstellation mit einander in Berührung stehender Elemente ein herausragendes Merkmal vieler Skulpturen von **Richard Serra.**[62] Am deutlichsten wird diese Eigenschaft bei einer Serie von Arbeiten sichtbar, die von der Grundidee des Kartenhauses ausgehen. Meist vier aneinandergelehnte Stahlplatten stützen sich an ihren Berührungspunkten so, daß sie nicht umfallen, jedoch ein mögliches Zusammenstürzen beim Betrachter imaginieren. Dadurch machen sie die Zeitlichkeit dieses Gleichgewichts deutlich und verweisen zugleich auf eine mögliche Veränderung dieses Zustandes. Außerdem machen sie die Abhängigkeit aller Elemente untereinander und ihre gemeinsame Beziehung zur Erde, ihre Schwerkraft, sichtbar. In mehreren auf die Landschaft bezogenen Arbeiten (z. B. „Shift" von 1969/70 in Kanada in der Nähe von Toronto und „Senkrechte und waagerechte Höhenmarken in offenem Gelände" von 1979/80 im Wenkenpark in Basel/Riehen)[63] machen die aus Zement (Shift) und Stahl (Basel/Riehen) vorgenommenen Eingriffe die besondere Eigenart der Landschaft erst erkennbar. Der Betrachter erfährt erst im Blickwechsel („shift" = wechseln, verändern) zwischen Landschaft und Skulptur, zwischen Natur und Kunst, sowohl die besondere Eigenart der Landschaftsformation als auch die gegenseitige Abhängigkeit voneinander. Kunst verhilft der Natur, auch der Schwerkraft, zu ihrem wahren Bild. Die abgebildete Arbeit „Corner Piece Prop No. 4" („Leena u. Tuula"), eingerichtet im Ateneumin Museum Helsinki 1983, ist eng verwandt mit dem Londoner Stück „Kitty Hawk" von 1983,[64] das nicht nur durch den Namen („Kitty Hawk", der Ort, an dem den Brüdern Wright ihre ersten motorisierten Flüge gelangen) an den mit Seiten- und Höhenruder gehaltenen Balancezustand während des Fliegens erinnert.

Einen großen Anteil der Arbeit eines Malers nimmt das Kennenlernen der Farben ein. Seit Anfang der 60er Jahre stellt **Raimer Jochims** Bilder her, die ihr Leben aus dem behutsamen Aufbau der Farben erhalten. Die Suche nach der besonderen Eigenart der Farbe konkretisiert sich anfangs in Farbverläufen, die in mehreren Schich-

ten in Lasurtechnik aufgebaut wurden. Immer war der Rahmen eines Bildes oder einer Papierarbeit die vorgegebene Form, auf die sich die Bewegung der Farbe zwangsweise beziehen mußte. Die Auspondierung der Farben im Spannungsfeld zwischen den Polen hell/dunkel, warm/kalt, transparent/opak usw. geschah immer innerhalb der willkürlichen Grenzen des Bildformates, des Rahmens. Seit 1973 hat Jochims diesen Rahmen verlassen und auf eine sehr eigenwillige Weise nach einer angemessenen Form für seine neuen Farbbilder gesucht. Die mit einer Zange aus dem Spanplattenmaterial herausgebrochenen Ränder bilden einen behutsamen, offenen Übergang vom Bild zum Umraum. Gleichzeitig ermöglichen sie als freie offene Form eine direkte Antwort auf die jeweils gefundene Farbe. Form und Farbe gehen ein dialogisches Verhältnis miteinander ein. So wie die Farbe in ihrem Aufbau das Ergebnis eines ganz individuellen Arbeitsprozesses ist, so bildet die gebrochene Form oder bei unserem Beispiel die gerissene Papierfläche eine individuelle Antwort bzw. Vorgabe im Gespräch zwischen Form und Farbe. Die in der Schwarzweißabbildung nur als Grauwerte erkennbare Abstufung der beiden Formen ist einer der Faktoren, aus denen Jochims ein kompliziertes Balanceverhältnis eingerichtet hat. Konkave und konvexe Kurven deuten als Grenzlinien die anziehenden und abstoßenden Kräfte der mit Farbe als Energiemasse aufgefüllten Körper an. Die beiden auf Schnittkanten aufstehenden Körper bilden eine in der Balance gehaltene Einheit, die ihre größte Spannung im Zwischenraum mit teilweise gemeinsamen Rißrändern hat. Mit dem Titel „Doppelportrait" wird hier das Bedeutungsspektrum von verschiedenartigen, aber gleichwertigen Einzelkörpern bis hin zur Anziehung und Abstoßung veranschaulichender Zweierbeziehung evoziert. Kraft und Zartheit sind sowohl in den Einzelformen als auch in ihrem Verhältnis zueinander in dieser Arbeit von Jochims als voneinander abhängige reziproke Größen ins Bild gesetzt.

Der Zeichner und Maler **Cy Twombly** hat zwischen den Jahren 1955 und heute eine kleine Anzahl von Skulpturen gemacht, die 1981 in Krefeld zum ersten Mal in einer Ausstellung der Öffentlichkeit vorgestellt wurden. Fast alle diese Arbeiten sind mit einem Mantel aus leicht gebrochener weißer Wand- bzw. Ölfarbe eingehüllt. Die noch sichtbaren, aber gewissermaßen durch ihre weiße Hülle ins Licht getauchten einzelnen Elemente bestehen aus aufgehobenen Reststücken, die sich als Strandgut im Atelier des Künstlers angesammelt haben. Mit Erinnerung getränkt verharrten sie im Zustand der Unbeweglichkeit, bis sie eines Tages zu neuen Gebilden aufeinandergetürmt wurden. Übereinanderliegende Quader tragen ein Dreieck, das aus einem halbkreisförmigen Holzstückchen und einem auf ihm schräg aufruhenden Brettchen gebildet wird. Über dieses Dreieck, das auch bei

62) Neben den zahlreichen Filmen, in denen Serra sich mit Gravitation und Balance auseinandersetzte, gibt es auch eine Performance, die im Katalog: *Richard Serra. Arbeiten 66–67,* Bochum 1978, S. 185, von B. H. D. Buchloh beschrieben wird:
„Serra ließ sich hinter der Bühne von Freunden solange um seine eigene Körperachse drehen, bis er, völlig schwindelig, aus dem Gleichgewicht zu kommen und zu fallen drohte. In diesem Moment ließ er sich auf die Bühne stoßen, und die eigentliche Aufgabe der ‚Performance' bestand nun darin, die Schwindelattacke zu überstehen und sich auf der Bühne taumelnd ins Gleichgewicht zurückzubringen."

einer Reihe anderer aus der gleichen Zeit stammenden Arbeiten auftaucht, schreibt Marianne Stockebrand: „Es legt sich irgendwie quer in dem ganzen Aufbau aus Senkrechten und Waagerechten – es will eine ganz andere Sache sein. Alles läuft darauf hinaus, das Dreieck herauszustellen, es emporzuheben."[65] Roland Barthes hat die Kunst Twomblys beschrieben als eine Haltung, die nichts greifen will: „Sie hält sich, sie schwebt, sie treibt zwischen dem Begehren – das subtil die Hand beseelte – und der Höflichkeit, welche die diskrete Verabschiedung aller Eroberungslust ist."[66]

Das „Kulchur Piece Nr. 8 Le Beau Contròle" von **Jochen Gerz** wurde in Frankreich im Maison de la

63) Zu „Shift" vgl. Kat. *Structures for Behavior*, Ontario 1978, S. 13–15, zu „Senkrechte . . . Höhenmarken". Vgl. Kat. *Skulptur im 20. Jahrhundert*, Basel 1980, o. P. (190 f).

64) Die Skulpturen „House of Cards" 1969/81 und „Kitty Hawk" 1983 sind abgebildet im Kat. *Ars 83*, S. 172 f. „Corner Prop No. 4 Leena and Tuula" und „Inverted House of Cards", beide zur Ausstellung in Helsinki aufgebaut – sind abgebildet im Ergänzungskat. ARS 83. Installation and performances, Helsinki 1983, S. 37

65) Vgl. Kat. *Cy Twombly, Skulpturen*, Krefeld 1981

66) Zit. nach: Kat. *Spuren, Skulpturen und Monumente ihrer präzisen Reise*, Zürich 1986, S. 56

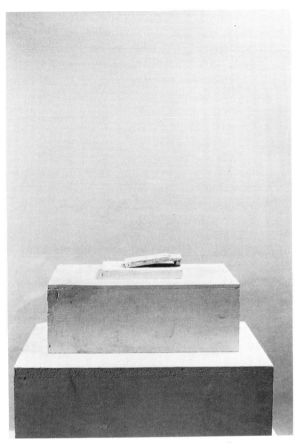

Cy Twombly, „O.T.", 1978, Holz/Öl/Wandfarbe, 23,3×51,1×32,4 cm

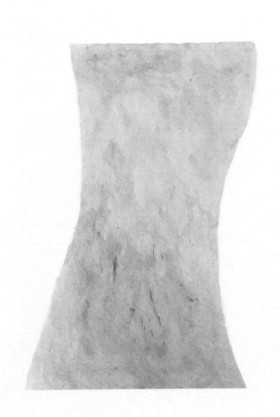

Raimer Jochims, „Doppelporträt", 1983, Aquatec auf Japan, 83 g 18, 54×86 cm auf 69×100 cm

Jochen Gerz, „Kulchur Piece # 8 Le Beau Contrôle", Espace Contemporain, Chalon sur Saône, 1983

Culture/Espace Contemporain, Chalon sur Saône 1983 und im Heidelberger Kunstverein 1984 realisiert. Hans Gercke hat die einzelnen Elemente, aus denen diese Installation besteht, beschrieben: „Das *Holz.* Scheinbar labil und ohne System geschichtet, markiert es Gegensätzliches: Labilität und Stabilität sind im Einklang, desgleichen Ruhe und Dynamik, zentripetale und zentrifugale Energie, Ordnung und Chaos, naturhafte Herkunft und Veränderung, Anordnung, ‚Gestaltung' durch den Menschen. Holz auf dem Weg von der Natur zur Verwendung, vorübergehend für jenen anderen Betrachtungsaspekt, der sich ‚Kunst' nennt, aus dem Verkehr gezogen.

Die *Rinne.* Sie ist das ganz andere, Eingriff von außen, der jedoch das Holz nicht berührt, der zwar über ihm schwebt, mittels des Wassers aber dennoch Kontakt herstellt. Die Leit-funktion dieses Elements, seine ihm immanente Dynamik, wird durch Form und Anordnung unmittelbar deutlich gemacht. Auch hier ist Gegensätzliches im Spiel: Formale Ähnlichkeit und Unähnlichkeit zu den Holzteilen, Schweben und Lasten, Statik und formale sowie funktionale Dynamik.

Das *Wasser.* Es ist jene Winzigkeit, die die Verbindung herstellt zwischen den Teilen, für Augenblicke immer nur, aber beständig. Auch hier sind Statik und Bewegung im Einklang. Wie eine materialisierte Sekunde, von irgendwoher kommend und irgendwohin verschwindend, markiert dieser Tropfen, sichtbar und hörbar, die Zeit.

Der *Klang.* Wie der Gongschlag einer buddhistischen Tempelglocke fügt er die Koordinate der Zeit zu denen des Raumes. Stille wird im Intervall hörbar. Aber es ist nicht die reale Zeit des unauffällig rinnenden Tropfens, und auch nicht die des Betrachters, sondern eine autonome, im Studio präzise festgelegte, abstrakte, künstliche Zeit. Die Zeit?"[67]

Als letzten, aber unverzichtbaren Bestandteil hat Gerz der Installation folgenden Satz beigegeben: „Und als wir zurückkamen, als wir den Regen hinter uns gelassen hatten, holte das gleiche Echo uns ein: Der Regen, das Geräusch des Regens auf dem Wasser, die unversiegbare Stille wie eine schöne Kontrolle."

Die Arbeit von Jochen Gerz bewegt sich im Bereich der Kunst auf der Grenze zwischen Tod und Leben. Das Bild als fertiges Kunstwerk hat die Dauer, die das Leben nicht hat. Gerz beschreibt diese Differenz als Unterschied zwischen den Bildern der Natur und der Natur der Bilder, beharrt aber auf ihrer Unzertrennlichkeit: „Auch wenn es unserer Natur oder der unserer Wörter zu entsprechen scheint, alles zu trennen, in Teile zu teilen, um daraus eine Ordnung zu gewinnen, eine Überlegenheit oder eine scheinbare Meisterschaft."[68]

Die für die Ausstellung „Kunst wird Material" in der Westberliner Nationalgalerie aufgebaute Arbeit von **Reinhard Mucha** „Die Letzten werden die Letzten sein", 1982, bestand ebenso wie die Plastik „Astron Taurus", realisiert 1981 in der Kunsthalle Bielefeld, aus Einrichtungsgegenständen, die nach Ende der Ausstellung wieder im

67) Hans Gercke in: Kat. *Jochen Gerz. Griechische Stücke. Kulchur Pieces,* Ludwigshafen/Heidelberg 1984, S. 199 f

68) Jochen Gerz: *Bilder der Natur – Natur der Bilder,* in: Kat. *Kultur Natur,* VHS Wuppertal 1986 o. P.

56

Reinhard Mucha, „Die Letzten werden die Letzten sein", 1982, Berlin

„Gerätepark" des jeweiligen Hauses anonym verschwanden. Die besondere Funktion aller zu einem neuen Werk aufgebauten Gerätschaften ist ihre Dienstleistung für das Kunstwerk. Holzkeile, weiß gestrichene Sockelbalken, gläserne Vitrinen auf Stahlfüßen, Transporthunde, zusammengefaltete Klapphocker, Schalenstühle zum Stapeln und Bockleitern aus Aluminium, alles aus dem Inventar der Staatlichen Museen Preußischer Kulturbesitz, dienen in direkter (Sockel, Vitrinen) und indirekter (Keile, Stühle, Leitern, Transporthunde) Weise dazu, Kunst sichtbar bzw. deren Rezeption möglich zu machen. Die quadratische Grundfläche der „Karussell"-Plastik ist schräg zum Fußbodenraster der Granitplatten von Mies van der Rohe gestellt. Dieser formalen Gegenläufigkeit, die unterstützt wird durch die angekippten Sockelbalken und die Labilität der auf Transporthunde liegende Stühle und Leitern, entspricht ihre inhaltliche Bedeutung. Mit der Umkehrung der Funktion, das Arsenal von Dienstleistungsgegenständen übernimmt die Rolle des Hauptdarstellers, beginnt die Reflexion über die hektische Mobilität des Kunstbetriebes. Das kindliche Spiel, aus Möbeln werden im Wohnzimmer die phantastischsten Gerätschaften gebaut, hebt hier die Präsentierbühne von Kunst, die große Halle der Nationalgalerie, aus ihrer pathetischen Funktion, sie bringt ähnlich wie in der Kunsthalle Bielefeld 1981 die Funktion des Raumes zum Kippen. Muchas balancierte Gegenstandswelten aus behutsam zusammengestellten, sorgfältig miteinander verbundenen Geräten aus der Betriebsamkeit und Behäbigkeit einer immer größer werdenden Kunstverwaltung, machen die Existenz von Kunst

als herumreisendes Verkehrsgut transparent. Die „Aufhebung der Büroschreibtische"[69] ergänzt Mucha mit seinem „Lob des Materials und seiner Verwendung".[70]

**Inge Mahn's** „Stützpfeiler mit Sims" aus dem Jahre 1982 für die Düsseldorfer Ausstellung „0211" in den Ausstellungshallen gegenüber dem Kunstmuseum ist eine architekturbezogene Arbeit. Ihre auf den ersten Blick kaum erkennbare Ergänzung hat den Raum auf so eine Weise in Ordnung gebracht, daß angefangen von der „klassischen Ordnung" jede systematische Gliederung von Baukörpern in der Architektur nur noch mit Mißtrauen betrachtet werden kann.

Die qualifizierenden Angaben des Titels „gekippt und tropfend" signalisieren die Besonderheit dieser baulichen Ergänzung. Ausgangslage war ein 6 m langes Fehlstück im tief hinuntergezogenen Gesims der mit einem Oberlicht versehenen Decke in der Messehallenarchitektur der 30er Jahre. Dieses Fehlstück, einschließlich des einen, in der Mitte des Simses anschließenden Pfeilers, baute Inge Mahn aus einem Material nach, mit dem man Kulissen für theatralische Auftritte und ephemere Architektur für politische Inszenierungen (Triumphzüge u. ä.) baut: Gips über Dachlattenkonstruktion und Heraklitplatten. Bei genauerem Hinsehen erkennt man, daß die leicht aus der Achse herausgekippte Pfeiler-Sims-Konstruktion

69) Vgl. Patrick Frey: *Reinhard Mucha – Verbindungen*, in: *Parkett*, Kunstzeitschrift, Nr. 12, Zürich 1987, S. 104–119

70) Vgl. *Reinhard Mucha*, Broschüre zur Gemeinschaftsausstellung der Kunsthallen Bern und Basel 1987, Texte von Jean-Christoph Amman und Ulrich Loock

Inge Mahn, „Stützpfeiler mit Sims gekippt und tropfend", Düsseldorf 1982, Kunstmuseum „(0211)", Gips über Dachlattenkonstruktion und Heraklithplatten, Seile, Wasserleitung, Zinkbadewanne, 40×40×800 cm, Spanne 600 cm

an mehreren Seilen aufgehängt ist und an einer Stelle Wassertropfen in eine dafür aufgestellte Zinkbadewanne fallen läßt. Die tragende Konstruktion ist bei dieser Arbeit von ihrer Aufgabe enthoben, sie ist als überflüssiges Dekor aufgehängt. Die Ordnung der in einer Reihe stehenden Pfeiler ist durch die leichte Schräglage des einen hängenden Exemplars aufgebrochen. Genaugenommen hat die Künstlerin „die Regelmäßigkeit erst zum Zweck ihrer Aufhebung hergestellt. Das System ist gleichzeitig komplettiert und gestört".[71] Der zur Pose eingefrorene dramatische Akt von **Harald Falkenhagen** zeigt uns, wie der Künstler auf einem dünnen Brett über einem nur wenige Zentimeter tiefen Abgrund balanciert. Gleichzeitig nehmen seine beiden zum Schritt gespreizten Beine die Stellung eines auf einer Wippe Stehenden ein. Im Zwischenreich zwischen Gehen und Verharren, zwischen Bewegung und Stillstand, zwischen Hell und Dunkel, zwischen Zeigen und Verbergen entfaltet sich die neue Sinninhalte aufschließende Poesie dieser fast lebensgroßen Foto-Arbeit.[72]

**Felix Droeses** großformatiger Druck auf Packpapier mit dem Titel „Davor und dahinter" aus dem Jahre 1984 ist von einem über zwei Meter langen

Druckstock entstanden, der zugleich als eine an der Druckseite schwarz eingefärbte Holzskulptur ein Eigenleben führt. Mit seinem leicht ausgefaserten Rand, der auf einem von Öl getränkten Übergangsbereich steht, erinnert diese Arbeit an die 1979/80 entstandenen „Schattenrisse". So wie die empfindlichen Papierränder der großformatigen Papierschnitte, der „Schattenrisse", dem Künstler als Tastorgane dienen, mit denen er an der glatten Oberfläche festgefügter Meinungen, Vorstellungen und Vorurteile entlangfühlt, um Bruchlinien, Risse und Spalten zu entdecken, so stellt er mit seinen neuen Holzdrucken die einmal auch wörtlich formulierte Behauptung auf: „Die Dinge können sich ändern."[73]

Als 1982 die für Hamburger Verhältnisse maßstabsetzende Ausstellung „Installationen Halle 6"[74] in der stillgelegten ehemaligen Kampnagelfabrik eingerichtet wurde, da bedeuteten die Vasen und Wildschweine von **Carl Emanuel Wolff,** aus Pappe, Stroh, Sperrholz und Abfallmaterialien roh zusammengebastelt, das Eindringen einer vorindustriellen Welt in die altmodisch gewordenen Produktionsstätten. Hölzerne Wildschweine hatten das Terrain besetzt, auf dem früher einmal Gabelstapler hergestellt wurden. Der umgedrehte Tisch, mit seiner Platte in die Schräglage versetzt, dient mit seinen beiden übrig gebliebenen Beinen zur ironischen Hommage an ein Denkmal technischer Ingenieurkunst: „Queensborough-Bridge-Tisch."

Zwei Jahre später veranstaltete die Kulturbehörde in Hamburg in einer anderen Halle auf dem Gelände der Kampnagelfabrik wieder eine Ausstellung, bei der **Hubertus von der Goltz** seine den Menschen verkörpernde Figur auf einem Holzbalken balancieren läßt.[75] Er kommt „Aus dem Nichts" und betritt in Analogie zu den Eisenträgern des Hallengerüstes mit vorsichtigem Schritt das Vakuum einer aus ihrem historischen Zusammenhang als Produktionsstätte entlassenen Architektur.

71) Susanne von Falkenhausen, in: Kat. *Inge Mahn. Gegenstände*, Berlin 1986, S. 84

72) Zu: Falkenhagen vgl. Kat. *Harald Falkenhagen*, Kiel 1984

73) Die genannten Holzdrucke sind alle großformatig, immer schwarz auf verschiedenem Papier (weiß, chamois und rotes Packpapier). Sie wurden erstmalig 1987 in der Produzentengalerie Hamburg ausgestellt. 1981 war auf der Ausstellung „Art Allemagne Aujourd'hui" im Musée D'Art Moderne De La Ville De Paris eine Skulptur von Droese zu sehen, die in einer Flasche aus Weißglas über einem Hängeseil eine scherenschnittartige Figur zeigt, die tanzt. Die Arbeit „Buddel" 1980 war auch in Köln auf der Ausstellung „Europa/Amerika" ausgestellt. Vgl. Kat. *Europa/Amerika*, Köln 1986, S. 242

74) Vgl. Kat. *„Halle 6"*, Koordination: Harald Rüggeberg, Hg. Kulturbehörde Hamburg 1982, o. P.

75) Zu den Balance-Installationen von Hubertus von der Goltz in Hamburg und Berlin vgl. Kat. *Balancen, Drachen, Knaggen*, Hg. Kulturbehörde Hamburg 1984, S. 10–27

Harald Falkenhagen, „O.T.", Photoarbeit, 137×215 cm

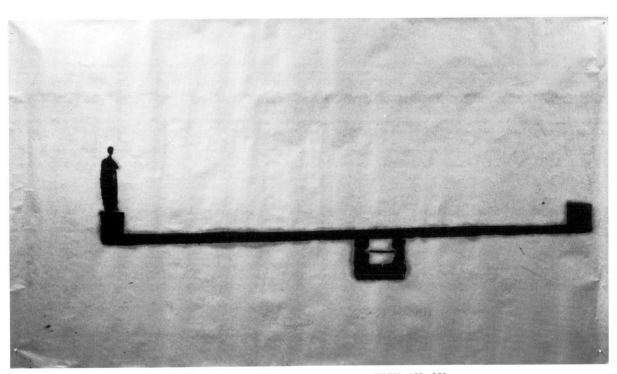

Felix Droese, „Davor und dahinter", 1984, schwarzer Druck auf rotem Papier, III/III, 150×250 cm

Seit vielen Jahren kreist das Werk von **Christian Boltanski** um die zentrale Quelle künstlerischer Inspiration: um die Kindheit. Damit eng verknüpft ist das Verhältnis von Erinnerung und Vergessen. „Wenn man sich an etwas zu erinnern beginnt, bedeutet das, daß etwas in uns gestorben ist. Und als erstes stirbt die Kindheit . . ." Boltanski hat immer in Analogie zum kindlichen Basteln mit möglichst einfachen Mitteln gearbeitet. Seine Installation „Ombres" von 1985 besteht aus einer primitiven Lichtprojektion und aus kleinen aus Draht und Pappe konstruierten Figuren, die real und als Schatten auf Drähten balancierend ihren „Totentanz" als Wesen aus der Schattenwelt voll-

Carl Emanuel Wolff, „Queensborough-Bridge-Tisch", 1982

führen. „Ich weiß, daß die Kunst nur durch ihre Beziehung zum Unbekannten, nicht Sagbaren existiert. Die Künstler sind die letzten Alchimisten, weil sie fähig sind, das Nichts in Gold zu verwandeln; und für mich ist ein Kunstwerk dann um so schöner, wenn es mit den einfachsten und ärmlichsten Mitteln realisiert worden ist und komplexe Bedeutungen enthält."[76]

**Jonathan Borofskys** Zeichnungen entwickeln sich oft aus Telefonkritzeleien. So einerseits zufällig entstanden, gespeist aus den Quellen des Unbewußten, sind sie andererseits fest eingebunden in eine beinahe zwanghaft perpetuierte Zahlenkette. Bei unserer Zeichnung bildet sie das Fundament, über dem ein Mann mit dem Kopf nach unten in einer Bergkette steckt, die ihrerseits über einer Landschaft zu schweben scheint. Der Titel bietet einen möglichen Interpretationsrahmen: „Craziness or control (Upside Down Man in Landscape)": Borofskys Schatteninstallationen in Basel und während der „Zeitgeist"-Ausstellung in Berlin 1982 sind schwerer, weniger ironisch und leichtfüßig als die von Boltanski. Sie sind bestimmt von einem Dualismus, den Borofsky selbst zwischen Kopf und Körper, zwischen Geist und Gravitation empfindet, oder, wie Christian Geelhaar formuliert hat, „zwischen Verwurzelung, Bindung oder Verstrickung einerseits und der romantischen Sehnsucht, in die Ferne aufzubrechen und sich der Betrachtung des Universums hinzugeben, andererseits".[77]

Mit der Foto-Arbeit „Aardappelwerk" von 1981 knüpft **Sef Peeters** an die 1979 in Stuttgart plastisch realisierten ver-rückten Zustände seiner zweiteili-

gen Installation „Sackgasse" auf der Ausstellung „europa 79" an. Der in die Ecke gedrückte Tisch und die im Raumdreieck gelandeten Flugzeuge aus Balsaholz mit Gummibandmotor signalisieren vergebliche Anstrengung.[78] Das lebensgroße Portraitphoto von Sef Peeters inmitten einer an der Wand schwebenden Schar kopfgroßer Kartoffelportraits ist eine Konkretion von vorgestellten Zuständen, die Michael Erlhoff in einem Katalogbeitrag mit der Überschrift „Schwebezustände" erörtert hat.[79] Als „Balance of mind" läßt sich das Schweben des Kopfes in einem Feld von Erdfrüchten interpretieren. Sef Peeters selbst hat diese Differenz zwischen Vorstellung und Konkretion, zwischen Sehen und Denken in einem schönen Zweizeiler zum Ausdruck gebracht:
„I'm looking at the river
but I'm thinking of the sea."

**Karl-Heinz Eckert** arbeitet seit vielen Jahren mit gefundenen Drähten. Der „gelernte" Maler, Eckert war Meisterschüler bei Raimund Girke an

76) Christian Boltanski, im Gespräch mit Demosthenes Davvetas, Paris 1985 (aus dem Französischen von Anna H. Berger), abgedruckt in: Kat. *Christian Boltanski. Lecon des Tenebres*, München 1986, S. 37 ff.

77) Christian Geelhaar: *Halb Beflügelter, halb Gefangener*, in: Kat. *Jonathan Borofsky. Zeichnungen 1960–1983*, Basel 1983, S. 151 f.; vgl. auch die Zeichnungen Nr. 124 („Selbstbildnis als Clown"), Nr. 14 („Mann auf Seil über Bergkette") und Nr. 153 („I dreamed a dog was walking at tightrope")

78) Vgl. *Kunstforum International, europa 79 – Geschichte einer Ausstellung*, Bd. 36, Heft 6, Mainz 1979, S. 142 f

Christian Boltanski, „Schatten", 1985

Hubertus von der Goltz, „Aus dem Nichts", Installation Kampnagelfabrik/Hamburg, 1984

der Hochschule der Künste Berlin, streicht die abgelegten und dem üblichen Gebrauchskreislauf entzogenen Drähte farbig, meist schwarz oder rot, an und drückt sie auf Papier, so daß sie ihre Formen als Spuren hinterlassen. Wenn man das Gesicht des Künstlers gesehen hat, kann man die meisten seiner „gefundenen Zeichnungen"[80] als Selbstportraits erkennen. Die abgebildete Arbeit deutet mit der zweiten nach unten gerutschten Kopfkontur das Heraustreten aus der Schädelbegrenzung, das Daneben- und Außersichsein an. Spezifisches Merkmal ist das Verhältnis von harter Kontur eines ziemlich dicken Drahtstückes und die weiche Linie des gebogenen Materials, das eben seiner eigenen Konsistenz folgend nur eine bestimmte Art der Verformung zuläßt.

Seit knapp zwanzig Jahren ist das äußerst vielfältige Werk des Isländers **Sigurdur Gudmundsson** in mehr oder weniger direkter Weise bezogen auf den Horizont und auf das Verhältnis des die Vertikale verkörpernden Menschen zur Waagerechten der Landschaft. Neben einigen frühen Skulpturen waren es vor allem die der Concept Art und der Fluxus-Bewegung nahestehenden Aktionen und Foto-Arbeiten, die in den siebziger Jahren das Werk des Künstlers prägten. Zwei mit dem Rükken zum Betrachter vor dem Meer sitzende Menschen haben über ihren Köpfen Sprechblasen, die mit Wasser symbolisierenden Wellenlinien bis zum

Horizontpegel gefüllt sind: „Horizontal thoughts" 1970/81.[81] Von diesem Grundkonzept ausgehend ist von 1974 bis 1980 eine Anzahl von Fotoarbeiten entstanden, die unter dem Titel „Situaties" 1980 im Stedelijk Museum Amsterdam ausgestellt wurden.[82] Zu ihnen gehört auch die abgebildete Arbeit

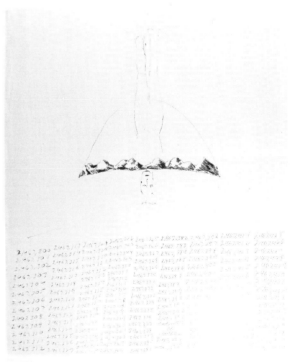

Jonathan Borofsky, „Verrücktheit oder Beherrschung", ca. 1977, Kugelschreiber auf Zeitungspapier, 32,9×27,8 cm

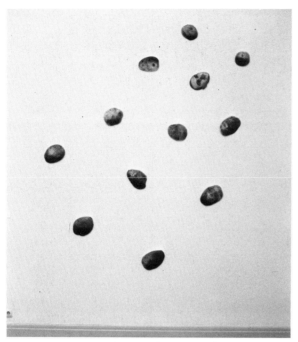

Sef Peeters, „Aardappelwerk", 1981, Installation Kunsthalle zu Kiel, 1983

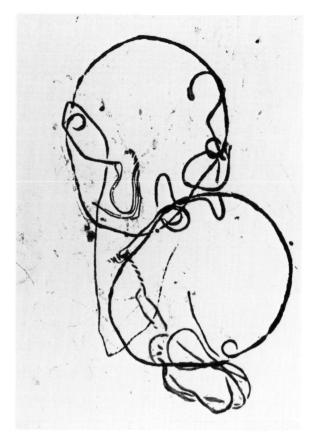

Karl-Heinz Eckert, „O.T.", 1984, Materialdruck, 29,5×21 cm

„Dancing Horizon" von 1977. Obwohl in einem Zentrum internationaler Kunst, in Amsterdam lebend, hat sich Gudmundsson immer mehr von seiner eigenen Empfindung in der Natur, die er auf Island erhalten und auf seinen Spaziergängen mit seiner Familie vor den Toren Amsterdams an der Nordseeküste weiter ausbilden konnte, als von Einflüssen aus der Kunstwelt anregen lassen. Einfache Grundsituationen des Menschen in einer häufig nur noch als Kunstprodukt erfahrenen Natur bilden den Mittelpunkt von Gudmundssons kleinen Fotogeschichten. Die Geste des tänzerischen Ausbreitens der Arme und das Balancieren auf einem Bein zusammen mit der beinahe artistisch auf seinem Kopf ausruhenden Stange, die ihrerseits vor den Augen der Kamera den Horizont leicht schneidet, wird bei Gudmundsson zum Sinnbild menschlicher Existenz. Mit seiner Aktivität bringt der Mensch als aufrecht stehender Körper die starren Verhältnisse von rechtwinklig aufeinander bezogenen Achsen zum Tanzen.

Sein Ateliernachbar **Pieter Laurens Mol** aus Breda machte seit den späten siebziger Jahren Fotoarbeiten, die zwischen Conzept-Art und Narrativ-Art ihren Platz haben. Fast immer tritt der Künstler als Akteur in einer kunstvoll präparierten Szene auf, die häufig Balance-Zustände zum Inhalt haben. Mehr noch als bei Gudmundsson ist die Welt des Unbewußten und Unerklärbaren Thema der Darstellung im Unterschied zur Narrativ-Art, ist die „Story" auf einen Begriff, nicht auf einen „Plot", ausgerichtet. Die abgebildete Arbeit „La Restitution" von 1982 zeigt, wie der Künstler die mühevoll aus dem Gleichgewicht gebrachte Welt (Globus) wieder unter Einsatz seiner persönlichen Kleidungsstücke (Schuh) und seines Körpers (Fuß) ins Lot bringt. Kopf und Schultern sind vom

Bildrand abgeschnitten. Mit leichter Ironie wird vorgeführt, wie der uneigennützige Künstler sich für das Gleichgewicht der Welt opfert und dabei sogar noch auf Anerkennung durch Identifizierung verzichtet. Neben dieser oberflächlichen Deutung läßt die Arbeit eine Vielzahl von grundsätzlichen Überlegungen zur Rolle des Künstlers in unserer Gesellschaft zu. Die besondere „Handschrift" dieser Arbeit liegt in der präzisen Machart und in der sorgfältig ausgewogenen Verteilung von Körper und Gegenständen im Raum. Der Künstler bringt, wenn er sich mit der Welt beschäftigt, die Zusammenhänge in Unordnung. Seine Leistung besteht in doppelter Weise. Mit der Ästhetisierung dieser Unordnung stellt er zugleich eine neue Ordnung her und stellt andererseits dadurch, daß er die Unordnung als Ordnung vorführt, beide in ihrem Allgemeinheitsanspruch in Frage.

**Stefan Demary** benutzt die Methode der Verrätselung von Gegenständen, die zum klassischen Instrumentarium der surrealistischen Bildfindung gehört. Als Mittel der Verrätselung setzt Demary seit 1982 minimale Eingriffe und Veränderungen ein, die manchmal kaum erkennbar, jedoch nie willkürlich sind: „Sie treffen die Funktion der Objekte an ihrem Lebensnerv."[84] Fast alle seine Gegenstände sind gekaufte Gebrauchsgüter, die durch den Künstler aus ihrem Kreislauf herausgenommen worden sind, um sie in ihrer konkreten Gestalt sichtbar zu machen. Bei dem Reiseschach mit ausschließlich schwarzen Figuren aus dem Jahre 1982 erkennt man nach dem zweiten Hinse-

Sigurdur Gudmundsson „Dancing horizon", 1977, Farbphoto, Text, 65×80 cm

Pieter L. Mol, „La Restitution", 1982, Photoarbeit, 82,7×93,3 cm

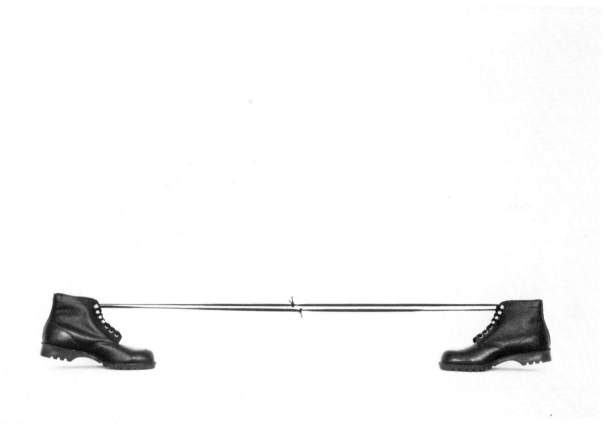

Stefan Demary, „O.T." (Schuhe), 1983

hen die Farbe Schwarz als konstitutiven Bestandteil eines dualen Systems. Der alltägliche Blick auf das Schachspiel nimmt nur die sich aus der Funktion ergebende Zweiteilung der Figuren auf dem Spielfeld, dem Schachbrett, wahr. Demarys kleine Plastiken lassen sich auch als „Stolpersteine für den ‚großen Bruder'"[85] ansehen, wenn sie nicht übersehen werden. Die minimalen Eingriffe, mit denen Demary seine Gegenstände „bearbeitet", dienen der Verdeutlichung der den Dingen innewohnenden spezifischen Eigenschaft und ihrer Funktion in unserer Gesellschaft. Die zugemalte Küchenuhr zeigt zwar keine Zeit an, läßt aber durch ihr hörbares Ticken ihr Funktionieren erhören. Die auf einem schiefen Sockel stehende Porzellanvase bringt durch ihre Schräglage ihre Gefährdung zur Erscheinung. Dadurch wird einerseits die Schutzfunktion eines Sockels ersichtlich. Andererseits erhält die so präsentierte Vase erst ihre Bedeutung als empfindliches, kostbares und gefährdetes Schmuckmöbel. Die abgebildeten schwarzen Arbeitsschuhe, auf die rutschfeste Profilsohle des Zehenbereiches gestellt und durch die zusammengebundenen Schnürsenkel sich gegenseitig in der Balance haltend, machen auf diese höchst einfache Weise ihre Funktion, beim Gehen Schutz und Hilfe zu geben, sichtbar. Demary läßt die Gegenstände dadurch, daß er sie leicht angekippt präsentiert, selbst zur Sprache kommen.

**Boris Nieslony** gehört zu den Künstlern, die „vor Ort" arbeiten. Ein Beispiel hierfür ist die Installation auf der Damentoilette im Kunsthaus Hamburg anläßlich der Ausstellung „1984 im toten Winkel". Zu seinen künstlerischen Tätigkeiten gehört nach seinem eigenen Selbstverständnis auch die Organisation von Kunstveranstaltungen außerhalb der bestehenden Institutionen, wie z. B. die Einrichtung eines Künstlerhauses (in Hamburg in der Weidenallee) und die Durchführung von internationalen Arbeitstreffen von Künstlern (z. B. „Konzil" in Stuttgart). Darin ist seine Arbeitsweise am ehesten denjenigen Künstlern vergleichbar, die unter dem Namen „Büro Berlin" seit vielen Jahren auf diesem Feld arbeiten. Kürzlich haben sie in einem Buch[86] eine Art Rechenschaftsbericht vorgelegt, in dem Vorzüge und Schwierigkeiten dieser künstlerischen Methode vorgestellt werden. Viele Arbeiten von Boris Nieslony haben etwas mit der Unmittelbarkeit von Zeit, mit der „Präsenz", die er im „Präsens" erfährt, zu tun, so auch die abgebildete Arbeit: Das Aufbauen eines Kartenhauses aus Glas zusammen mit Bernhard Wittenbrink in Regensburg im März 1981.[87] Er selber hat dieses Arbeiten mit Zeit in einem Gespräch in Köln so formuliert: „Präsenz, das ist der Punkt. Jeder Mensch hat im Alltagsleben seine Zeiten in der Zeit (. . .) Ich versuche, mit meinen Performances und Objekten immer außerhalb der Zeiten zu sein, die laufen. Für mich stimmen so viele künstlerische Arbeiten nicht, weil sie in irgendeiner Zeit sind, aber in dem Moment, wo sie befragt sind, im Präsens nicht da sind. Wenn ich sage, Zeit ist für mich der künstlerische Faktor, dann meine ich dieses Präsens."[88]

Boris Nieslony, „16. bis 29. März 1981 in der Galerie", Regensburg 1981

Das Dokumentationsphoto vom gemeinsamen Aufbau eines gläsernen Kartenhauses macht das sichtbar, was Nieslony selbst seine künstlerische Methode nennt: „Aufmerksamkeit". Diese Aufmerksamkeit ist auch ein notwendiges Merkmal jedes Balanceaktes.

Seit Beginn der künstlerischen Arbeit mit Video in der Mitte der sechziger Jahre stellt die Annäherung an den eigenen Körper ein wichtiges Thema dar. Ähnlich wie bei der Begegnung mit dem Spiegelbild, Ausgangspunkt einer langen Reihe bedeutender Selbstportraits in der Geschichte der Kunst, halten sich Fremdheit und Nähe die Waage. Die Video-Installationen von **Barbara Hammann**[89] stehen in dieser Tradition der Selbstbegegnungen. Teile des menschlichen Körpers dienen gewissermaßen als pars pro toto (anders als bei Friederike Petzold) für diesen Berührungsversuch. Zwischen oben und unten, zwischen links und rechts tut sich eine Spannung auf, die auf unserer Abbildung als Zwischenraum, als magnetisch offene Zone sichtbar wird.

Das Werk von **Nan Hoover** läßt sich als eine Gratwanderung über 30 Jahre hinweg beschreiben, die von der Malerei ausging, die Möglichkeiten anderer Medien, vor allem die des Videos, der Performance, der Klang- bzw. Sound-Installation und der Photographie bis zur äußersten Grenze auslotete, um über die Zeichnung wieder zur Malerei zurückzukommen. Diese beständige Aufmerksamkeit, eine häufig sogar vom Körper getragene Konzentration, die bei stark verlangsamten Bewegungen vor der Videokamera oder vor den mit Folien präparierten Diaprojektoren bei ihren Licht-Performances als meditative Anpassung, als Gleichklang zwischen Körper und Geist zum Ausdruck kam, hat ihr Bewußtsein und ihr künstlerisches Instrumentarium derart geschärft, daß die Rückkehr zum traditionellen Medium als Rückkehr und Neubeginn auf einer höheren Ebene zu betrachten ist. Die Abbildung zeigt ein Innehalten in einer Bewegung, die sich während einer Performance als behutsam verzögerter Ablauf ereignet.

79) Vgl. Michael Erlhoff: *Schwebezustände: Die Konkretionen des Künstlers SEF PEETERS*, in Kat. *Gesignaleerd. Neue Kunst aus den Niederlanden*, Kiel 1983, S. 114 ff

80) Vgl. *Karl-Heinz Eckert: Dessin trouvé*, Berlin 1986

81) Abb. in Kat. *Sigurdur Gudmundsson, Openbaar Kunstbezit*, Weesp, 1982, S. 9

82) Vgl. Kat. *Sigurdur Gudmundsson, Situaties*, Amsterdam 1980

83) Vgl. Kat. *Pieter Laurens Mol*, Stuttgart 1980

84) Helmut F. Albrecht, in: Kat. *Stefan Demary*, Regensburg 1983

85) Annelie Pohlen: *Stolpersteine für den „großen Bruder"?* in: Kat. *1984 im toten winkel*, Hamburg 1984, S. 119 ff

86) Vgl. *Büro Berlin. Ein Produktionsbegriff. Raimund Kummer, Hermann Pitz, Fritz Rahmann*, Berlin 1986

87) Kat. *Boris Nieslony. 16. bis 29. März 1981 in der Galerie*, Regensburg 1981

88) Vgl. *Wellenlängen. Eine Klausurtagung zu initiativen Kunstformen*, Köln 1986, S. 122

89) Vgl. Kat. *Mit Haut und Haar*, München 1984, S. 15 ff

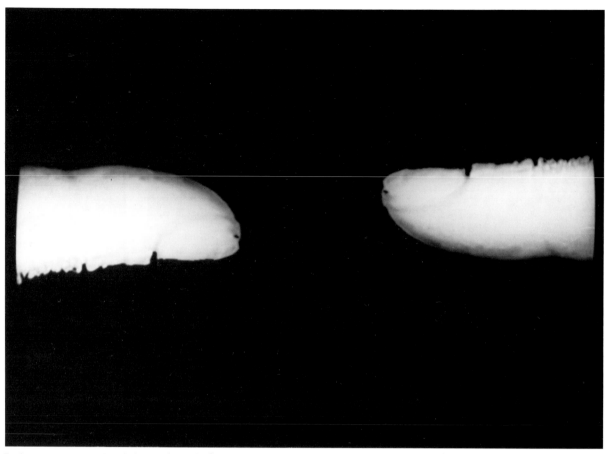

Barbara Hammann, „The balance of what?" (Arleen Schloß), 2-Kanal-Videoinstallation, sw, 1986

Die Künstlerin tritt mit ihrem speziell für diese Lichtauftritte präparierten Anzug aus dichter weißer Leinwand aus dem Dunkel hervor in ein von ihr vorbereitetes Strahlenfeld aus meist verschiedenfarbigen, häufig polar (rot/blau, warm/kalt) aufgebauten Lichtströmen. Innerhalb dieses Lichtfeldes, das meist hinter der Künstlerin und an den Seitenwänden als Projektion in Erscheinung tritt, entsteht während der Bewegung ein, die Wahrnehmung des Betrachters veränderndes, kompliziertes Gefüge von verschieden großen und verschieden farbigen Schatten, die zum Körper der Akteurin in verwirrender Beziehung stehen. Kleinste Bewegungen erzeugen im Schattenbereich mit seinen überdimensionalen Vergrößerungen mitunter ganz neue Bilder. Die Realität der Schatten tritt in unmittelbare Konkurrenz mit der – im Unterschied zu jedem Schattenkabinett auf dem Jahrmarkt – immer sichtbaren Akteurin. Ähnlich wie bei den Videos, die oft nur mit den einfachsten Mitteln, mit Licht und Papier gemacht sind, entstehen spannungsreiche, äußerst dichte Bilder, die immer wieder Landschaftliches assoziieren lassen. Die mit „angehaltenem Atem" ausgeführten Bewegungen erzeugen visuelle Vorstellungen, die zwischen „Wüste" und „Fujiyama" (beides Titel von Videobändern), zwischen äußerster Bewußtheit und „Halbschlaf", zwischen östlicher Meditation und abendländischer Aufmerksamkeit angesiedelt sind. Mit ihren Arbeiten betritt Nan Hoover seit

Jahren diesen Kreuzungsort und läßt in den verschiedensten Medien „die Wirklichkeit in Bildern von in Balance gehaltenen Widersprüchen" (Karl-Heinz Bohrer) erscheinen.

**Ilse Teipelke** hatte 1981 anläßlich der Ausstellung „Forum junger Kunst"[90] in der Kunsthalle zu Kiel eine äußerst labile Balance-Skulptur aufgebaut, die aus einem gebogenen Weidenzweig und drei mit Steinen beschwerten Bindfäden bestand. Von der „physikalisch" zu benennenden behutsamen Materialerprobung – wie hält sich dieser gebogene Zweig in der Spannung, aufrecht zu stehen, ohne „Materialermüdung" zu zeigen – hat sich ein noch reduzierterer Umgang mit (Natur-)Material in den letzten Jahren herausgebildet. Sie läßt die Gegenstände nicht nur optisch sprechen, indem sie in labiles Gleichgewicht gebracht werden, sondern versucht, sich dem aus der Erde kommenden Stoff, z. B. der Terrakotta, akustisch zu nähern. Das in das Wasser getauchte Stück poröser, lufthaltiger Scherben erzeugt bei seinem Versuch, sich „der neuen (Wasser-)Umgebung anzupassen", Töne, die mit Kontaktmikrophonen verstärkt „Erdmusik"[91] erklingen lassen. Auf der Suche nach einem neuen Gleichgewicht, auch zwischen Mensch und Natur, versucht die Künstlerin die meist nur optisch gebrauchten (mitunter auch mißbrauchten) Materialien abzuhören. Diese Annäherung des Menschen an verschiedene einfache, meist aus natürlichen Substanzen geformte

66

Nan Hoover, „Walking by light", 1987

Dinge, ist das zentrale Ziel ihrer Tanz- und Klang-performance-Veranstaltungen.[92]

So wie Ilse Teipelke nach der inneren Stimme der vermeintlich stummen Materialien sucht, so komponiert **Julius** Musik für bestimmte Orte, Plätze und Gegenstände. Dieses „Musikmachen" für etwas anderes impliziert die genaue Wahrnehmung des anderen. Bevor also erste Entwürfe für eine Komposition entstehen können, nimmt der Künstler intensiv Kontakt mit seinem Adressaten, dem Ort, einem Platz, einem Raum, einem Haus, einem See, der Berliner Mauer, dem Innenhof der Kunsthalle zu Kiel, zu einem Stein etc. auf. Wie geschieht diese Kontaktaufnahme? Alle natürlichen und künstlichen Geräusche (Wind, Flugzeuglärm, Fahrgeräusche von Autos und Eisenbahnen, Stimmen von Passanten, spielende Kinder, Vögelzwitschern etc.) bilden gewissermaßen den akustischen Partner, das Orchester, zu dem vorsichtig nach einer Ergänzung gesucht wird. Während alle akustischen Signale in das Ohr des Künstlers gelangen, tritt gleichzeitig die Umgebung als Bilderwelt vor die Augen. Nun entwickelt sich ein behutsames Wechselspiel zwischen Ohren und Augen. Indem Julius beide Bereiche nicht nur berücksichtigt, sondern als gleichberechtigte Positionen in seiner Komposition mit einsetzt, wird die Eigenart des anderen besser hörbar und sichtbar. Der Lautsprecher und sein Schatten werden zu gleichberechtigten Faktoren im künstlerischen Werk des zwischen den Gattungen arbeitenden Künstlers. Dieses Interesse für das Vorhandene ist zentrales Merkmal einer künstlerischen Haltung, aus der heraus Musik als „Kunst für etwas anderes" entsteht. Diese künstlerische Haltung kennzeichnet eine Arbeitsweise, die nicht mehr darauf zielt, eigene Zeichen zu setzen, das eigene Gefühl zum Ausdruck zu bringen, sondern darauf aus ist, mit aller Liebe und Intensität auf Vorhandenes zu hören. Diese Kunst besetzt nicht bestehenden Raum, sondern macht Platz für die Wahrnehmung des Unscheinbaren.

90) Vgl. Kat. *Forum junger Kunst*, Wolfsburg, Düsseldorf, Kiel 1981, Kat.-Nr. 121 „Aphanasis III", 1979, Schnur, Wachs, Schiefer ca. $150 \times 150 \times 150$ cm

91) Mitteilung an den Verfasser in einem Brief vom März 1987

92) Ilse Teipelke wird auf der *documenta 8* in Kassel Mitte September, daran anschließend in der Kunsthalle zu Kiel eine Klangperformance mit Installation zeigen

Ilse Teipelke, „Kugeln + Reif" (Ton + Eisen), Objekt aus dem „Klangraum"

Julius, „Lullaby for the fishes", 1984

# IV. Henk Visch – Wolfgang Nestler – Reiner Ruthenbeck

## 1. Henk Visch

Das Werk des Niederländers Henk Visch beginnt 1980 mit einer hölzernen Brücke, die unzugänglich und zerbrechlich ist und die heute im Kröller-Möller-Museum in Otterlo aufbewahrt wird. Auf ihren dünnen Planken steht ein handschriftlich verzeichneter Text, dessen deutsche Übersetzung folgendermaßen lautet:
„Und alles anschauend, was entfernt ist. Draußen, wo ich nicht bin, aber sein möchte. Das Behutsame, getragen im schwankenden Gleichgewicht. Es ist nicht leicht, Mensch zu werden. Die Existenzmittel sind immer unzureichend, unerreichbar, ungestüm. Auf der Grenze der Dinge verliert alles seinen Zusammenhang, bietet Aussicht über alles ohne Bestimmung. Auf den Grenzen des Handelns, wo bei der Berührung die Hand versteinert.
Doch sprang hier der Perlenfischer in die Tiefsee, wo sich zwischen den untergegangenen Schiffen Edelsteine befinden, so glänzend wie die Augen vielköpfiger, angebeteter, beschwörender Götter, die mit tausend Händen bewachen, wonach uns verlangt und was wir rücksichtslos bestürmen. So kann es ungeschunden erhalten bleiben. Dafür opfern wir. Um nicht zu ertrinken. Alles Anwesende, das beispiellos den Fortschritt ermöglicht, verbindet und ohne das wir hoffnungslos verloren sind: der immer gegenwärtige Abgrund."
(Deutsche Übersetzung von Irene Veenstra.)[93]

In einer Holzskulptur aus dem Jahre 1981 (Abb. S. 71) ist das Motiv der Brücke wieder aufgenommen. Der Mensch, der sich in einer Richtung nach vorne bewegt, gewissermaßen auf allen Vieren – sein Körper ist wie eine flache Brücke gewölbt, seine ausgestreckten Hände halten die als Pfeiler fungierenden, aus Baumästen geschnittenen Stützen –, blickt noch einmal zurück. Er hält in seiner Bewegung inne. Als Skulptur aus Holz, die wie fast alle Holzfiguren von Henk Visch gewisse selbstbildnishafte Züge trägt, verkörpert sie eine geistige Haltung. Sie realisiert einen Denkvorgang, die Verbindung von Vergangenheit und Gegenwart, auf materieller Ebene: Denken begegnet uns als Körpersprache. Irene Veenstra beschreibt die Figur: „Im Gehen sucht sie vorsichtig tastend Halt auf dem Boden. Sie will das Irdische und das Nahe nicht aus den Augen verlieren. Der Körper ist aufgestützt und stützt sich nur mit einem Fuß auf den Boden. Sie schaut zurück zur Stelle, wo sie gestanden hat. Äußerst behutsam wird der Schwerpunkt verlegt. Alles wird anders in dem Moment, wo es verlassen wird. Nichts bleibt mehr auf der Stelle stehen, wo es früher stand. Nichts mehr ist intakt oder zeitlos,

still." Hier wird nach Veenstra Bewegung zur Veränderung, zur Auflösung bestehender Zusammenhänge.
Als Zwischenglied zwischen den unmittelbar an der menschlichen Figur orientierten und den mehr auf abstrakte Gesten zielenden Skulpturen läßt sich die Arbeit „Don't speak too loud" von 1982 begreifen. Aus einem relativ labil aufstehenden, dünnen, weiß bemalten Holzbein wächst eine große Augenmuschel, die schüsselförmig wie ein überdimensionales Hörrohr alle Laute, auch das Geflüster, auffängt. Bei zu lautem Sprechen könnte das zu sehr in Schwingung versetzte Bein aus dem Gleichgewicht geraten und umfallen.
Vorstellung und Konkretion begegnen uns in enger Berührung bei der Arbeit „Aus der Tiefe an das Licht" aus dem Jahre 1984. Der diamantförmige Block, aus Aluminiumblech genietet, tritt uns mit fast körperlicher Präsenz entgegen. Die hinter der kristallinen Struktur versteckte körperliche Geste läßt sich deuten als angespannte Haltung eines Körpers, etwa die eines Wettkämpfers oder eines Samuraikriegers. Gleichzeitig führt diese Haltung die Handlung des Vorzeigens aus: Der aus der Tiefe der Erde hervorgeholte Diamant, oder das Mineral Aluminium, wird ans Licht gehalten, es präsentiert sich uns als ein von vielen Seiten zu betrachtendes Gebilde. Schließlich läßt sich die Arbeit als Erscheinung der Idee auffassen, als ein plötzliches Auftauchen einer aus der Tiefe der Vorstellung hervorgekommenen Gedankens, der sich ähnlich wie ein aus dem Dunkel der Erde hervorgeholtes Mineral den verwunderten Augen des Betrachters zeigt.
Der Hör- und der Augensinn, die akustische und die optische Vorstellungswelt werden von Henk Visch benutzt, um einer kaum darstellbaren Denkbewegung in plastischer Form Gestalt zu geben. Dieses im Bereich der Synästesie gebräuchliche Hilfsmittel kommt auch in der Arbeit „Mit anderen Worten" von 1985 zur Geltung. Die beiden sich wie zum Kuß öffnenden und berührenden Trichterformen aus blauviolettem Stoff, der über einem Eisengerüst mit einer wachsartigen Flüssigkeit versteift ist, verweisen auf nicht sichtbare Kräfte: Öffnen und Schließen, Ausdehnen und Schrumpfen, Zeigen und Verbergen. Mit dieser nicht eindeutigen Bewegung wird ein Zustand veranschaulicht, der sich zwischen den verschiedenen Kräften bildet, ein Zustand, der am ehesten vergleichbar ist mit dem Vorgang des Atmens. Zugleich richtet der Titel die Aufmerksamkeit auf das immer wieder erfahrbare Phänomen, daß sich bestimmte Vorgänge diskursiv nicht beschreiben lassen, wir also auf Hilfsmittel aus anderen Bereichen angewiesen sind. Damit ist eine wichtige Eigenschaft von Kunst überhaupt genannt: Gegenstände künstlerischer Beschäftigung, selbst nicht Kunst, lassen sich nur mit künstlerischen Mitteln zum Ausdruck bringen, d. h. Instrumentarien der Identifizierung oder zur Erfassung ihrer Nämlich-

keit müssen bei Werken der Kunst zu kurz greifen: Wir sind darauf angewiesen, es „mit anderen Worten" zu sagen.

Ähnlich wie bei der zuletzt genannten Arbeit fällt auch bei der zur gleichen Zeit entstandenen Skulptur „Für das was bleibt" die Dimension und die Verwendung von Stoff auf. Neben der „Übergröße", einem Format, das am deutlichsten bei der 1983 in der Kunsthalle zu Kiel gezeigten Skulptur „Giant" mit einer Höhe von 260 cm in Erscheinung tritt, gibt es das kleine Format bei einigen figürlichen Skulpturen; bei der auch als Tanzpuppe zu deutenden Figur mit dem Titel „Für das was wir meinen" und bei der als Synthese zwischen Figur und Abstraktion zu interpretierenden zweiteiligen Arbeit „Be true to one another" von 1986. Die Verwendung dieser beiden Formate, sehr groß und sehr klein, läßt den Betrachter die eigene Körpergröße direkt erfahren. Die viel zu große Hohlform, Blüte oder Vase entzieht sich mit ihrem Inhalt durch ihre Höhe von 220 cm unseren Blicken. Sie stellt mit ihrer im Luftzug leicht zitternden Stoffhaut einen lebendigen Rückzugsort dar für die Gedanken, die nach dem Verklingen von Festtagsreden, Eröffnungsansprachen und Foyerkonversation bleiben. Ihre starke Präsenz: Holz und Stoff sind Materialien von großer sinnlicher, haptischer Qualität, und ihre Funktion des Verbergens: sie entzieht das in ihr Geborgene dem allgemeinen Zugriff, sind Eigenschaften, die bei den meisten Arbeiten von Henk Visch anzutreffen sind.

Stofflichkeit und Form sind die beiden Pole, zwischen denen sich das Werk von Henk Visch entfaltet. In ihren konkreten Ausbildungen gehört zur Stofflichkeit des niederländischen Künstlers ein ganzes Arsenal von Eigenschaften, die sich andeutungsweise benennen lassen: Substanz, Gefühl, Vorstellung, Erinnerung, Naturkräfte – Gravitation, Sonnenenergie usw. Der formale Pol läßt sich beschreiben mit Konstruktion, Volumen einfassende Linien, Drehpunkte, Achsen, um die eine Bewegung vollzogen werden kann, usw. Diese Tendenz zur Bewegung hat Rudi H. Fuchs, Eindhoven, mit dem Vergleich zu den Vögeln poetisch umschrieben: „Die Skulpturen von Henk Visch berühren nur eben den Boden. Aus diesem Grunde sind sie so wunderbar ruhelos, so wie die Vögel scheinen sie sich niemals wirklich niederzulassen. Sie mögen nicht im Raum eingefangen sein, so dienen ihre Bewegung und ihr Aufbau zur Flucht."

Wie die Skulptur „How shall my soul its motions beguile" (Haus aus Pferdehaaren) von 1984 ganz die stoffliche Seite innerhalb des Werkes verkörpert, so bringt die neueste Arbeit mit dem Shakespeare-Titel „Adjusting the sails of reason to the breeze of my longings" von 1987 den anderen, ganz immateriellen Pol zum Ausdruck. Auf drei fünfeckigen, transparenten Körpern aus mit Silberfarbe bemalten Eisenrohren liegt – gewissermaßen in freiem Flug – eine geschwungene Eisenrohr-

konstruktion auf. Das Gewicht der leicht gebogenen Rohrstange und die auf der Spitze aufstehenden „gläsernen" Mineralkörper, die gewissermaßen zur Ausrichtung eine kleine Kugel in ihrer Mitte an einer Schnur „lotrecht" hängen haben, gehen ein ausgewogenes Balanceverhältnis miteinander ein. Erinnerung und Vorstellung, Schwerelosigkeit und Gravitation, Vernunft und Sehnsucht „bild"en ein labiles Gleichgewicht, es entsteht ein Bild aus Formen und Farben, aus Raum und Körper, ein Bild, das um seine Gefährdung weiß: „Das, wovon man weiß, daß man es bald nicht mehr vor sich haben wird, das wird Bild." (Walter Benjamin)[94]

93) Vgl. Kat. *Henk Visch, Skulpturen 1980–1986*, Nordhorn 1986 (erster monogaphischer Katalog mit ausführlichem Literatur- und Ausstellungsverzeichnis)

94) Walter Benjamin, *Charles Baudelaire, Ein Lyriker im Zeitalter des Hochkapitalismus*, Frankfurt a. M. 1974, S. 86

Henk Visch, *Ohne Titel*, 1981, Holz, 90×130×250 cm

Henk Visch, „*Don't speak too loud*", 1982, Papier, Eisen, Holz, 150×160 cm

Henk Visch, „*Met andere woorden*", 1985, Eisen, Papier, 165×370×150 cm

Henk Visch, „*Out of the dephts into the ligth*", 1984, Aluminium, 200×170×100 cm

74

Henk Visch, „*Be true to one another*", 1986, Holz, Höhe ca. 76 cm

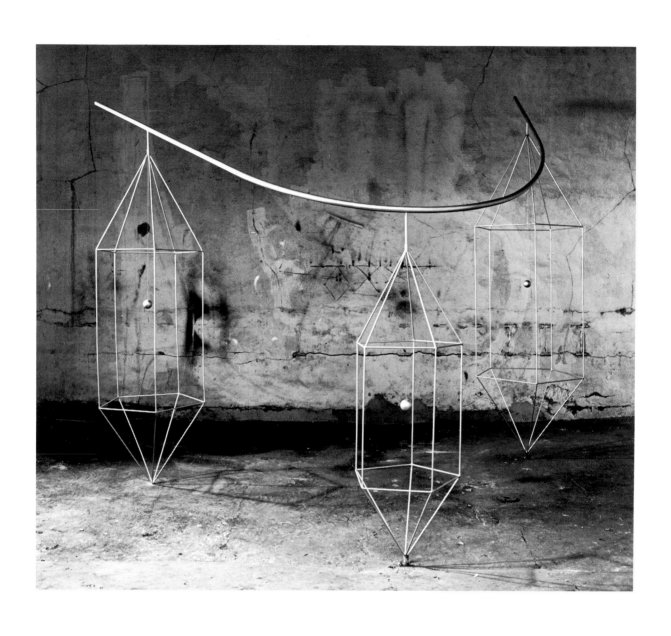

Henk Visch, „*Adjusting the sails of reason to the breeze of my longings*", 1987, Eisen und Farbe, 335×440×325 cm

76

## 2. Wolfgang Nestler

Ausgangspunkt zu einem direkten Zugang zur Arbeitsweise des an der Düsseldorfer Akademie bei Erwin Heerich ausgebildeten Bildhauers kann die genaue Beobachtung der Art und Weise sein, wie Nestler seine Skulpturen aufstellt. Die aus ganz leichtem (Styropor) und ganz schwerem Material (Eisen) zusammengefügte „Brücke" ist so an die Wand gelehnt, daß man aus der Schräghaltung und aus den auf- bzw. anliegenden Berührungspunkten Rückschlüsse über die Gewichtsverhältnisse innerhalb des plastischen Volumens dieser „Brücke" und der damit zusammenhängenden am Orte wirkenden Kräfte ziehen kann. Die quaderförmige Arbeit aus Styropor und Eisen lehnt so an der Wand, daß das kleine Eisenstück mit seinem großen Gewicht den viel größeren Styroporkörper anhebt. Noch deutlicher wird die Herstellung eines die Seherfahrung merkwürdig irritierenden Gleichgewichtes bei dem halbkreisförmigen Styropor-Eisen-Körper, der weder auf der Schnittkante noch auf der Mitte des Halbkreises, sondern auf der durch das Eisengewicht bedingten äußersten Kante aufliegt. Normalerweise tritt diese Stellung nur als Extremposition ein, wenn man die massive Halbkreisscheibe zum Schaukeln bringt. Sie berührt dann nur diese Kante, wenn die Bewegung so stark ist, daß sie fast zum Umkippen der „Schaukel" führt. Der extreme Gegensatz der Materialien wird sichtbar in der extremen Haltung, die eine Stabilität in der Stellung erreicht, die sonst den Moment höchster Instabilität kennzeichnet. Geht man von diesen, unter Künstlerkollegen wegen der Verwendung des völlig unklassischen Materials, des Kunststoffproduktes Styropor, meist abschätzig beurteilten Arbeiten, zu den nur aus Eisen geschmiedeten, geschnittenen und konstruierten Stücken über, so ergibt sich im Rückblick für die Verwendung von Styropor eine einfache Erklärung.

Die in Auswahl 1978 in einer Publikation des Württembergischen Kunstvereins[95] dokumentierten frühen Zeichnungen, Fotos und auch Skulpturen machen auf eine wichtige Quelle im Werk von Nestler aufmerksam, die im Rahmen einer mehr auf die physikalischen Phänomene ausgerichteten Rezeption häufig übersehen wird: Nestlers originäres und nachhaltiges Interesse für Landschaft. Feldwege, begrenzt von struppigen Kopfweiden, Baugruben im Köln-Aachener Becken, kahle Höhen und Täler, durchschnitten von Straßen, Wegen und Zäunen, sind immer wieder auftauchende Motive in Nestlers frühen Skizzen. Die beiden wichtigsten Bauelemente, aus denen Landschaft besteht, sind für Nestler Himmel und Erde. Am deutlichsten tritt diese Konstellation von erdhafter Schwere und durchsichtiger Luft im Winter in Erscheinung. So wie für den konzeptionell arbeitenden Bildhauer Franz Erhard Walther die Rhön natürlicher Bezugspunkt vieler Arbeiten ist,

so stellt die Eifel, mit ihren gegen Westen gewandten Höhenrücken, Nestlers natürliche Inspirationsquelle dar. Die in die Luft gezeichnete Linie nimmt den Schwung des Sturmes auf, nähert sich den in den weißen Schnee gezeichneten Wegrändern oder nimmt gar die Berührung von Himmel und Erde in der Ferne des Horizontes auf. Es ist klar, daß Nestlers kühn miteinander verbundene Federstahlarbeiten nicht abbildlich sind oder gar naturalistisch den in der Landschaft vorgegebenen Formen nacheifern. Es sind abstrakte Gebilde, die – eine Formulierung von Tilman Osterwold für einen neuen Zusammenhang gebrauchend – eine „abstrakte Lebendigkeit (in sich tragen), abstrakt im Sinne einer Konzentration der plastischen Ausstrahlung auf die elementaren Energien".[96] Erde und Luft, Gravitation und Bewegung sind zwei Elemente, die in ihrer Abhängigkeit voneinander in Nestlers Arbeiten sichtbar werden. Insofern läßt sich die Verwendung von Styropor als „sichtbare Luft" interpretieren.

Große Bedeutung kommt in Nestlers Arbeiten den Verbindungsstellen zu. So wie die Berührungszone von Himmel und Erde, der Horizont, in ihrem Gewicht nicht nur für die Deutung menschlicher Existenzweise kaum zu überschätzen ist, so bilden die geschmiedeten Arretierungsschrauben,[97] die eine verstellbare Verbindung zweier Stäbe aus Eisen, Stahl oder Federstahl ermöglichen, eine nicht nur in physikalischer Weise zentrale Nahtstelle. Diese „Koppelungsmechanismen", manchmal auch nur Berührungsstellen, die unter Druck oder Zugkräften stehen, sind der Ort, an dem Stehen und Liegen, Ragen und Schweben, kurz zwei grundsätzlich entgegengerichtete elementare Kräfte einander begegnen. Tilman Osterwold hat auf das optische Mißverhältnis zwischen den kleinen „Koppelungsmechanismen" und den unbarmherzigen „physikalischen Gesetzen von Kräften und Energien"[98] hingewiesen. Richten wir unsere Aufmerksamkeit auf diese kleinen Nahtstellen, dann wird der Austausch von Kräften, aber auch ihr wundersames Ineinanderverfugtsein deutlich.

Zwei der schönsten Texte über die Arbeit von Wolfgang Nestler verdanken wir dem kürzlich verstorbenen ehmaligen Direktor des Kaiser-Wilhelm-Museums in Krefeld, Paul Wember. In seinem Beitrag „Wolfgang der Schmied"[99] zieht Wember den Bogen von der „schweren" Kunst des Schmiedes als traditioneller Kulturleistung bis zum „leichten" Umgang mit Nestlers mobilen Arbeiten, exemplifiziert an seinem „Auffaltstück". Über die Möglichkeiten und Chancen des Umgangs mit Eisen hat sich schon der bedeutendste Eisenbildhauer dieses Jahrhunderts, Julio Gonzales, geäußert: „Vor Jahrhunderten hat das Zeitalter des Eisens damit begonnen, (leider) Waffen zu erzeugen, darunter sogar einige sehr schöne. Heute erlaubt es uns, Brücken, Industriegebäude, Eisenbahnnetze zu bauen . . . Es ist höchste Zeit, daß dieses Material aufhört, mörderisch zu sein und nur einer mechanischen Wissenschaft zu dienen. Das Tor ist heute weit geöffnet, damit dieses Material in das Reich der Kunst eindringe und von friedlichen Künstlerhänden geschmiedet und geformt werde."[100]

In einem zweiten Text geht Paul Wember auf eine auch in Kiel ausgestellte Plastik ein. Sein Text beginnt mit einer Namensfindung: „Schwebender Horizont über festem Grund". Nach einer ausführlichen und exakten Beschreibung ihrer Handhabungsmöglichkeiten für Künstler und Besucher faßt der Autor noch einmal die Bedeutung der Skulptur und damit auch der Arbeit von Wolfgang Nestler zusammen:

„Das Wort haben wir von den Griechen (horizein) übernommen und heißt abgenzen: Teilgebiete der Erde können vom Himmelsgewölbe darüber abgegrenzt sein, in dessen Mitte sich der Mensch befindet. Deswegen hat die Skulptur seismographischen Charakter für den geistigen Horizont eines Menschen. Wolfgang Nestler gelangt ganz bewußt auch bei dieser Plastik bis zu einem äußersten Punkt der Gefahr, der er mit einem einfach scheinenden, geradezu trickreichen Gegenmittel begegnet, unter Ausnutzung seiner technisch-mechanischen Gesetze, aber ebenso selbstverständlich als gleichnishafter Bezug zu menschlichen Gegebenheiten. Das ruft in all seinen Arbeiten eine anziehende Spannung hervor, die es im Nachvollzug zu entdecken und zu überdenken gilt."[101]

Als neueste Arbeit ist im Katalog die Skulptur: abgebildet. Sie läßt sich als Antwort auf den „Schwankenden Horizont . . ." verstehen. Der mechanisch äußerst einfache, additiv hergestellte Teller aus einzelnen Gußringen, die wie beim alten Küchenherd in- bzw. aufeinander liegen, schwankt als alte Erdscheibe über dem Chaos. Die von Wolfgang Nestler manchmal so spielerisch wirkend hergestellte Harmonie, das angespannte Gleichgewicht, erhält ihre poetische Kraft durch ihr Bezogensein auf ihr Gegenteil. Das Finden des inneren Schwerpunktes, demonstriert an der richtigen Einstellung einer Feststellschraube, ist ein glücklicher Moment, dessen Zeitlichkeit und Gefährdung Empfindungen hervorruft, die zwischen Glück und Melancholie immer wieder neu ausbalanciert werden müssen.

95) Vgl. Kat. *Wolfgang Nestler, Skulpturen, Zeichnungen, Fotos*, Stuttgart 1978

96) Tilman Osterwold, in: Kat. Nestler, Stuttgart 1978, S. 8

97) Bei dem Kat. *Wolfgang Nestler, Eisenplastik 1971–1981*, Kaiserslautern 1981, hat die Herausgeberin Gisela Fiedler-Bender, die Bedeutung dieser Nahtstellen heraushebend, auf der Titelseite ein Foto von zwei geschmiedeten Arretierungsschrauben abgedruckt.

98) Vgl. Tilman Osterwold, in Kat. Nestler, Stuttgart 1978, S. 12

99) Paul Wember „Wolfgang der Schmied", in: Kat. *Wolfgang Nestler, Skulpturen – Fotografien 1970–1984*, Karlsruhe 1984, o. P.

100) Julio Gonzales, zit. nach Kat. Nestler, Kaiserslautern 1981, o. P.

101) Paul Wember, *Wolfgang Nestler: Schwebender Horizont über festem Grund*, Heinsberg 1986, o. P.

Wolfgang Nestler, „Ohne Titel", 1981, Stahl, Styropor, 50×20×40 cm

Wolfgang Nestler, „Stahlecke", 1981, Stahl, Styropor, 40×60×19 cm

Wolfgang Nestler, „Ohne Titel", 1981, Stahl, Styropor, ca. 80×40×20 cm

Wolfgang Nestler, „*Ohne Titel, 3*", 1983, Stahl geschnitten, 31×62×15 cm

Wolfgang Nestler, „*Federstahlkubus*", 1983, Federstahl, Maße variabel, Grundstellung 200×200×200 cm, ⌀ 5 mm

Wolfgang Nestler, „*Ohne Titel, 5*", 1983, Stahl geschnitten, 49,5×68,5×15 cm

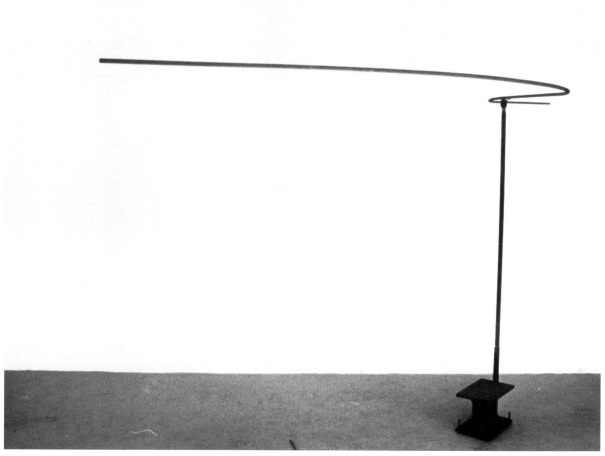

Wolfgang Nestler, „*Ohne Titel*", 1983, Stahl, Federstahl, Länge des Federstahlbogens 347 cm, ⌀ 12 mm, Höhe 170,5 cm

Wolfgang Nestler, „Ohne Titel", 1985, Stahl, Federstahl, Maße variabel

Wolfgang Nestler, „*Schwebender Horizont über festem Grund*", 1985, Stahl, Federstahl, Maße variabel, ca. 300×200×20 cm

Wolfgang Nestler, „Ringe in Balance", 1987, Stahl gegossen, Stahlseil, Schrauben, ⌀ 140 cm, Dicke 18 mm

## 3. Reiner Ruthenbeck

Reiner Ruthenbeck ist ein Künstler von äußerster Präzision, dem nichts ferner liegt als schwärmerischer Selbstausdruck oder spielerische Bastelei. Als ich ihm die Teilnahme an unserer Ausstellung vorschlug, war er zuerst sehr abweisend. Zu Paul Klee habe er keine enge Beziehung. Er ziehe Bach gegenüber Mozart vor und habe größte Bedenken gegen jede Form von Ungenauigkeit, von Ungefährem und Nichtauslotbarem. Vielleicht läßt sich sein Platz zwischen den Polen, den er sich selbst gewählt hat, im Unterschied zu einem Pendeln am besten mit dem stillen, aus der Meditation her kommenden Innehalten auf einer von ihm bestimmten Position benennen. Diese mit Energie gespeiste Ruhe ist ein Merkmal der meisten seit 1966 entstandenen Arbeiten.

Wirft man einen Blick in den 1983 vom Braunschweiger Kunstverein herausgegebenen Werkkatalog,[102] so ist man zuerst überrascht über die Vielzahl der verwendeten Materialien. Erst nach und nach schält sich ein vom Künstler selbst entwickeltes Vokabular heraus. Standen am Anfang Werkstoffe im Vordergrund, die seine Zuordnung zur „Arte Povera" nahelegten,[103] ich denke vor allem an die Serie von Aschehaufen, die mit Eisenrohren, Vierkantstäben, Stahldrähten, Drahtknäuel und Blechen kontrastreich ergänzt waren, so wird später neben der Reduktion auf „arme" Materialien die Zurücknahme des Materialcharakters der verwendeten Stoffe überhaupt augenfällig. Die aus Holz gedrechselten „Keulen", die aus Papiermaché gebildeten „Tropfenformen", die hölzernen „Doppelleitern" sind so behandelt, daß man den Stoff, aus dem sie gemacht sind, kaum erkennt; diese Arbeiten sind rot und dunkelgrau lackiert, schwarz oder weiß gestrichen etc. Die unter Umständen malerische Oberfläche ist zugunsten einer konzentrierten Formklarheit zurückgenommen. Die Stoffe sind versiegelt. Um was für Formen handelt es sich?

Die Form des Aschehaufen ist die Endstufe eines Materialverwandlungsprozesses. Damit ist sie auch zwangsläufig eine Huldigung an das Graviationsgesetz. Der Schwerkraft verdanken auch die „Tropfenformen" ihre Gestalt. Zu den mehr aus natürlichen Prozessen gebildeten „Naturformen" treten die „Kunstformen". Als eine der einfachsten und frühesten „Kunstformen", häufig auch im philosophischen Diskurs gebraucht, taucht mit hartnäckiger Beständigkeit seit 1966 der Tisch im Werk des Künstlers auf.[104] Zur rechteckigen Form des einfachsten, aber den Kulturwerdungsprozeß einer menschlichen Gesellschaft von Anfang an begleitenden Möbels, des Tisches, gesellen sich andere, dem Formenrepertoire der Geometrie nahestehende Elemente: das Dreieck, der Kasten, das Quadrat, die Stange, das Kreuz. Formal betrachtet gehören alle in der Kieler Ausstellung gezeigten Werke, mit Ausnahme des „Kinetischen Objektes

Nr. 2" von 1973/1987 in diese Gruppe der Arbeiten mit geometrischem Formenvokabular. Damit ist das erste Gegensatzpaar, zwischen dessen Polen Ruthenbeck sich bewegt, genannt: weiche Naturform – harte Kunstform.

Haben wir am Anfang von der Reduktion gesprochen, mit der der Künstler seinen Stoff, aus dem er seine Arbeiten macht, behandelt, so müssen wir jetzt die Ausbreitung der Materialqualität, den Reichtum der Erscheinungsintensität nachtragen. Parallel zur einfachen Form entscheidet sich der Künstler zur Verwendung von dunkelrotem oder alternativ weißem, fest gewebtem Stoff. Die beiden als Farben nahezu ausschließlich zur Anwendung kommenden Kontrastpaare Blau/Rot und Schwarz/Weiß entfalten eine derart intensive Ausstrahlung, ähnlich wie bei den frühen Wohnungsobjekten („Schlüssellochband", „Gefrierfach-Tuscheziegel", „Waschmaschinentuch"), daß sie die von ihnen benötigten Behälter bis zu einem gewissen Grade blockieren.[105] Beziehen wir die Ton- und Geräuschstücke, die Licht- und Geräuschstücke, die kinetischen Objekte, die Video- und Filmobjekte, Konzepte und Installationen mit in unsere Betrachtung ein, dann kann man der Auflistung von Gegensatzpaaren, wie sie Bernhard Holeczek vorgenommen hat, ohne Zaudern zustimmen: „Weich/hart, hell/dunkel (auch im Farbkontrast schwarz/weiß), warm/kalt, leicht/schwer, durchsichtig/undurchsichtig, männlich/weiblich (auch, wie für warm/kalt, in der Gegenüberstellung der Farben Rot/Blau), offen/geschlossen, rund/eckig, amorph/gestaltet, entspannt/gespannt (schlaff/straff), labil/stabil."[106]

Um Mißverständnisse zu vermeiden, es geht Ruthenbeck nicht um den schrillen Klang, der dann ertönt, wenn die äußersten Gegensätze aufeinandertreffen. In einem Statement über seine Arbeitsweise vom September 1986 macht er dies deutlich: „In meiner Arbeit habe ich oft Kontraste, polare Elemente, Spannungen dargestellt und versucht, diese in eine formale Einheit zu bringen. Die formalen Strukturen habe ich soweit wie möglich reduziert. Das Ergebnis bietet dem Intellekt scheinbar wenig Nahrung. Ich möchte den Betrachter dadurch zu einer kontemplativen, ganzheitlichen Aufnahme meiner Kunst bringen."[107]

Gegensätzliche Materialien wie Eisen, Stahl oder Aluminium und Stoff entfalten, wenn sie miteinander verbunden sind – Ruthenbeck spricht gern von „Stoffring" –, mehr Energie, als wenn sie einzeln in Erscheinung treten. Auf diese Akkumulation von Energie zielen auch seine kinetischen Objekte. Bei den beiden in Kiel ausgestellten Lokomotiven trifft der Begriff „kinetisch" nur im übertragenen Sinn zu. Die gegeneinander gerichtete Bewegungsenergie erzeugt einen Stillstand, einen Zustand der Stille, den man topographisch mit den Worten von Amine Haase als „Zentrum des Sturms"[108] bezeichnen kann. Dieser poetische Begriff muß ein wenig zurückgenommen werden durch den Hindie Anonymität, auf den Verzicht von jeder Art von Gebrauchsspur bei Ruthenbecks Plastiken und Objekten. Dadurch, daß der Künstler sorgfältig darauf achtet, daß seine Werke keine Spuren der Bearbeitung oder Verwendung tragen, daß seine Materialien keine Geschichten transportieren, daß sie anonym bleiben, wird die physische Präsenz seiner Stücke verstärkt.

Mit der räumlichen Präsenz ist das Verhältnis von Ruthenbecks Arbeiten zur Architektur angesprochen. So wie die oben erwähnten „Wohnungsobjekte" ihre Behälter blockierten, so stellen die späteren Arbeiten Eingriffe in vorgegebene Räume dar. Eckkreuze und Verspannungen markieren bestimmte Stellen in den Zimmern oder machen Bewegungen als Raumfluchten sichtbar. Neben die physische Besetzung eines Raumbehälters tritt die flüchtige Bezeichnung von Ausdehnung, Richtung und Zusammenziehung. Ruthenbecks Material ist nicht der von der Natur oder von der Industrie vorgegebene Werkstoff. Sein Material ist die im Alltag physisch und psychisch vorgegebene Struktur, die von uns Anpassung und Unterwerfung fordert. Diese Struktur tritt in Erscheinung, wenn wir uns den Ablauf unserer alltäglichen Besorgungen, die Rituale am Arbeitsplatz, das Öffnen und Schließen von Türen und Fenstern und die Gliederung unserer Wohnung durch Möbel und Einrichtungsgegenstände vor Augen halten.

Indem er die vorgegebene Ordnung mit seiner Kunst bearbeitet, bringt er sie aus dem Gleichgewicht. Er setzt an die Stelle eines verordneten Gleichgewichts die Alternative einer von eigener Erfahrung getragenen, aus meditativer Konzentration gewonnenen Balance. Chaos und Ordnung sind im Werk von Ruthenbeck zu einem Aggregat verschmolzen, dessen Energie, wie die einer Batterie, für uns zur Verfügung steht.

102)  Vgl. Kat. *Reiner Ruthenbeck. Arbeiten 1965–1983,* Braunschweig 1983

103)  Jiri Svestka hat in seinem Katalogbeitrag für die Berliner Ausstellung *Kunst in der Bundesrepublik Deutschland 1945–1985,* Berlin 1985, S. 266 ff., Ruthenbeck zusammen mit Palermo und Imi Knoebel zu einer Gruppe gerechnet, die „unter dem Einfluß der Konzeptkunst" einen „originellen und spezifischen Beitrag zum veränderten Kunstbegriff" geleistet haben. Vorher hatte er Ruthenbeck als aus der „Arte-Povera"-Richtung kommend charakterisiert

104)  1985 wurde im Kunstforum Maximilianstraße in München, der Dependance des Lenbachhauses, Ruthenbecks raumausgreifender „Tisch auf Stahlstäben" 1985 ausgestellt. Im zugehörigen Katalogfaltblatt hat Helmut Friedel in seiner Einführung *Der schwebende Tisch – Die Aufhebung des Alltäglichen* die hervorragende Rolle von Tischobjekten im Werk von Ruthenbeck herausgestellt

105)  Vgl. Kat. *Reiner Ruthenbeck,* Stedelijk Museum Amsterdam 1972, und Karlheinz Nowald, in Kat. *Reiner Ruthenbeck,* Kiel 1973

106)  Bernhard Holeczek: *Unpräzises zu einem Präzisen. Zehn Stichworte zu Ruthenbeck,* in Kat. *Reiner Ruthenbeck,* Nürnberg/Stuttgart, 1986

107)  Zit. nach Holeczek, 1986, o. P.

108)  Amine Haase: *Im Zentrum des Sturms,* in Kat. *Reiner Ruthenbeck,* Braunschweig, 1983, S. 5

Reiner Ruthenbeck, „*Kinetisches Objekt Nr. 2*", 1973, zwei gegeneinander geschaltete Modell-Lokomotiven

Reiner Ruthenbeck, „*Spitzes Dreieck I*", 1978, Metallstab in Stoffring, 36×30×4 cm

Reiner Ruthenbeck, „*Große Blechfahne*", 1979, Metall lackiert, Drahtseil, Platte 100×180 cm

Reiner Ruthenbeck, „*Blau-rote Stangenüberkreuzung*", 1981, 2 Aluminium-Rechtkantrohre, lackiert, 319×319 cm

Reiner Ruthenbeck, „*Tisch mit schrägem Kasten*", 1982, Holz, lackiert (braun, weiß), Kasten 57×180×20 cm,
Tisch 89,5×180×115 cm

Reiner Ruthenbeck, „*Schwarz/Weiße Hängetafel*", 1984, Metall lackiert, Schnur, 26,5×87 cm

**Verzeichnis der ausgestellten Werke**

1. *Werke von Paul Klee aus der Sammlung Felix Klee*, Bern. Die Unterscheidung in „A. Gemälde – alias Tafelbilder", „B. Aquarelle – alias mehrfarbige Blätter" und „C. Zeichnungen – alias einfarbige Blätter" wurde von Felix Klee übernommen

**A. Gemälde – alias Tafelbilder**

1. „Harmonie der nördlichen Flora", 1927, Ölfarben, Karton, kreidegrundiert, 41,5×67 cm

2. „Der Schritt", 1932, Ölfarben, Jute, Sackleinen, 71×55,5 cm

3. „Engel im Werden", 1934, Ölfarben, Messerarbeit auf Sperrholz, 51×51 cm

4. „Landschaft am Anfang", 1935, Aquarellfarben, gewachst, Pappe mit Gaze verklebt und gipsgrundiert, 33,5×59 cm

5. „Blick aus rot", 1937, Pastellfarben auf weißer Baumwolle, auf Jute, 47×50 cm

6. „Scherbenstilleben", 1937, Pastellfarben auf weißer Baumwolle, auf Jute, 50×50 cm

7. „Tiere begegnen sich", 1938, Ölfarben, Pappe, 42×51 cm

8. „Schwere Botschaft", 1938, pastose Kleisterfarben, Jute auf Keilrahmen, darüber Zeitungspapier, 70×52 cm

9. „Wellenplastik", 1939, Kleister-, Tempera- und Ölfarben, Baumwolle auf Jute, 70×70 cm

**B. Aquarelle – alias mehrfarbige Blätter**

10. „Flügelstücke zu 1915, 45 ‚Anatomie der Aphrodite'", 1915, auf Kreidegrund, Ingres, 23,4×19,4 cm

11. „Mit dem Regenbogen", 1917, Kreidegrund, 18,6×22 cm

12. „Transparent und perspektivisch, mit dem Pavillon", 1921, dünnes Fabriano, 25,5×29,5 cm

13. „Rotviolett-gelbgrüne Diametralstufung", 1922, Whatmanpapier, 23,3×30,6 cm

14. „Drei Türme", 1923, deutsch Ingres, bräunlich, leicht saugend, 32,8×23 cm

15. „Garten am Bach", 1927, deutsch Ingres, weiß, 27,5×30,3 cm

16. „Landhaus Thomas R.", 1927, deutsch Ingres, weiß, 30,8×46,4 cm

17. „Schichtungseinbruch", 1927, deutsch Ingres, weiß, 31,3×46,7 cm

18. „Studie", 1928, geklebtes Papier, weißer Karton, 41×41 cm (Collage)

19. „Schiffe – zwei plus eins", 1931, Reißfederzeichnung, farbige Linien und Flächen, italienisch Ingres 27,7×47,8 cm

20. „labiler Wegweiser", 1937, Löschblatt, 43,9×19,8 cm

21. „Gabelungen und Schnecke", 1937, Kleisterfarbe und Kohle auf zinkweiß kleistergrundiertem Papier, 48,5×32,6 cm

22. „Gesicht einer Vase", 1937, Kohle, Zeitungspapier, Kleisterkreidegrund, auf Holz aufgezogen, 66×49 cm

23. „harmonisierte Störungen", 1937, Kohle auf Jute, Kleisterkreidegrund, 50,5×31,3 cm

24. „Überland", 1937, Pastell auf Leinen, 32,8×57 cm

25. „Schwefel-Gegend", 1937, Kleister-Tempera auf Packpapier, 30,3×54,5 cm

26. „abstractes Ballett", 1937, Ölfarben, Leinwand, 24,7×53,4 cm

27. „Gedicht bei Tages-Grauen", 1938, pastose Kleisterfarben auf Packpapier, 48,8×32,7 cm

28. „Kerzen-Flammen", 1939, schwarze Kreide und pastose Kleisterfarben, dünnes Packpapier, 49,3×33,6 cm

29. „Ein Doppelschreier", 1939, Briefpapier, mit Eiaufstrich, 29,5×20,9 cm

30. „Licht badende Frau", 1939, Briefpapier, 29,5×20,8 cm

31. „Götzen-park", 1939, Conceptpapier, schwarz grundiert, 32,7×20,9 cm

32. „Der Park zu Abien, aus der Gemüseabteilung", 1939, Tintenstift, altes Bütten, 36,4×30 cm

33. „Götzin", 1939, Perafarben, schwarz grundiertes Papier, 32,8×21 cm

34. „weinende Frau", 1939, Temperafarben, schwarz grundiertes Papier, 32,9×20,9 cm

35. „Verfluchende Frau", 1939, Temperafarben, schwarz grundiertes Papier, 32×23,9 cm

36. „Schema eines Kampfes", 1939, farbige Fettkreiden, Ingres, schwarz grundiert, 27×27,3 cm

37. „Nach der Gewalttat", 1940, Kleisterfarben, Canson Ingres, 48,3×31,4 cm

38. „Dieser Stern lehrt beugen", 1940, pastose Kleisterfarben, Papier, 37,5×41,5 cm

39. „finstere Bootsfahrt", 1940, pastose Kleisterfarben auf Conceptpapier, 29,4×41,5 cm

**C. Zeichnungen – alias einfarbige Blätter**

40. „Dorf im Regen", 1929, Feder, Conceptpapier, 16×32,8 cm

41. „Bewegungen in Schleusen", 1929, Feder, deutsches Ingres, 10,6×30 cm

42. „Laterne auf dem Platz", 1930, Reißfeder, Conceptpapier, 20,8×33 cm

43. „Erzwungener Ausweg", 1934, Rötel, Detailpapier, 42,1×32,8 cm

44. „Gabelungen im Viertakt", 1937, Kleisterfarbe und Kohle auf zinkweiß kleistergrundiertem Papier, 30,5×23,5 cm

45. „Schleusen", 1938, Zulustift, Canson Crayon, 9,1×38,7 cm

46. „Oben und Unten", 1938, Zulustift, Conceptpapier, 27,1×21,5 cm

47. „ein Genius inspiriert zum Tanz", 1938, Bleistift, Briefpapier, 14,7×21 cm

48. „Seelen-Plastik", 1938, Bleistift, Briefpapier, 29,8×20,9 cm

49. „Polarität links – rechts", Bleistift, Conceptpapier, 29,8×20,9 cm

50. „Akrobaten üben", 1938, Bleistift, Briefpapier, 29,9×21 cm

51. „die Puppe wird frühstücken", 1938, Bleistift, Briefpapier, 29,8×20,9 cm

52. „Flucht nach Pommerland", 1939, Feder, Tinte, Conceptpapier, 27×21,5 cm

53. „ein Tierchen für galante Damen", 1939, Feder, Tinte, Briefpapier, 29,7×20,9 cm

54. „Tragische Scene der Akrobaten", 1939, Feder, Tinte, Briefpapier, 29,7×21 cm

55. „neu gerichtet", 1939, Pittkreide, Briefpapier, 20,9×29,7 cm

56. „AVE!, aus einer schwarzen Messe", 1939, Pittkreide, Briefpapier, 20,9×29,7 cm

57. „magazinierte Fragmente", 1939, Pittkreide, Briefpapier, 20,5×20,8 cm

58. „Schwestern", 1939, Bleistift, Briefpapier, 29,8×20,8 cm

59. „Varieté-Nummer", 1939, Bleistift, Bambou-Japon, 20,9×29,7 cm

60. „Verstimmt", 1939, Bleistift, Briefpapier, 29,7×21 cm

61. „Geige und Bogen", 1939, Bleistift, Briefpapier, 21×29,7 cm

62. „Warum es nicht gelang?", 1939, Bleistift, Briefpapier, 29,7×21 cm

63. „Berg-Geist", 1939, Bleistift, Briefpapier, 29,5×20,8 cm

64. „Zwiegespräch Baum – Mensch", 1939, Bleistift, Bambou Japon, 20,9×29,5 cm

65. „Pathetische Lösung", 1939, Pinsel, Indigo, Aquarell, Bambou Japon, 21,6×26,9 cm

66. „bedrängt", 1939, Bleistift, Bambou Japon, 29,7×20,8 cm

67. „Terzett", 1939, Bleistift, Bambou Japon, 20,9×29,6 cm

68. „Wollen fruchtbar sein", 1939, Bleistift, Bambou Japon, 20,8×29,6 cm

69. „übereinander", 1939, Bleistift, Conceptpapier, 27×21,4 cm

70. „dreifache Scene", 1939, Bleistift, Conceptpapier, 27,1×21,4 cm

71. „Ehe", 1939, Bleistift, Conceptpapier, 17×21 cm

72. „Denkmal eines Helden", 1939, Bleistift, Conceptpapier, 29,5×21 cm

73. „Krise eines Engels I", 1939, Zulustift, Conceptpapier, 42×29,5 cm

74. „Komiker spielt einen Reitunfall", 1939, Zulustift, Briefpapier, 29,3×20,8 cm

75. „Engel zu drei", 1939, Zulustift, Briefpapier, 29,6×20,9 cm

76. O.T. (seilspringende Frau), 1939, Bleistift, Briefpapier, 21×14,9 cm

77. O.T. (Jongleur), 1939, Bleistift, Briefpapier, 21×14,9 cm

78. „Tannenbaum", 1940, Zulustift, Conceptpapier, 29,6×21 cm

79. „der Mond als Spielzeug", 1940, Zulustift, Conceptpapier, 29,7×21 cm

80. „Clown und Bestie", 1940, Feder, Tinte, Briefpapier, 14,8×21 cm

81. O.T. (Zeichen auf weißem Grund), 1940, Kleisterfarben, Packpapier (Fragment), 59×88,5 cm

82. O.T. (Entwurf für eine Metallplastik I), 1940, Bleistift, Conceptpapier, 27×21,5 cm

83. O.T. (Entwurf für eine Metallplastik II), 1940, Bleistift, Conceptpapier, 27×21,5 cm

1.1 Werke von Paul Klee aus anderen Sammlungen

84. „Seiltänzer", 1923, Lithographie mit roter Tonplatte, 44×26,8 cm, Sprengel-Museum, Hannover

85. „Modell 32ᵇ (Scheibensegmente)", 1931, Reißfeder und Tusche über Bleistift auf Papier, 47,8×34,6×35,0 cm
Paul Klee Stiftung, Kunstmuseum Bern

86. „Modell 76 (profilartig)", 1931, Reißfeder und Tusche auf Papier, 48,0×34,9 cm
Paul Klee Stiftung, Kunstmuseum Bern

87. „Modell 32ᵇ (in copula)", 1931, Reißfeder und Tinte, Aquarell auf Papier, 44,8×55,5 cm
Paul Klee Stiftung, Kunstmuseum Bern

88. „Modell 32ᵇ (normal und zweimal projiziert)", 1931, 37, Feder und Tusche auf Papier, 46,6×47,1×53,2 cm
Paul Klee Stiftung, Kunstmuseum Bern

89. „Modell 101", 1931, 185, Reißfeder, Tusche und Bleistift auf Papier, 61,2×48,9 cm
Paul Klee Stiftung, Kunstmuseum Bern

90. „Modell 101 und Modell 104 kombiniert", 1931, Reißfeder und Tusche auf Papier, 63,5×48,3 cm
Paul Klee Stiftung, Kunstmuseum Bern

Henk Visch

1. „*Don't speak too loud*", 1982, Holz, Papier, Eisen,
150×160 cm

2. „*How shall my soul its motions beguile*", 1984,
Pferdehaare, Eisen, ca. 30×50×30 cm

3. „*Für das was bleibt*", 1985, Holz, Tuch, Eisen,
220×160 cm

4. „*Be true to one another*", 1986, Holz (zweiteilig),
Höhe ca. 76 cm

5. „*Adjusting the sails of reason to the breeze of my
Longings*", 1987, Eisen, Farbe, 335×440×325 cm


Wolfgang Nestler

1. „*Stahlecke*", 1981, Stahl, Styropor, 60×40×19 cm

2. „*Balance*", 8/1983, Stahl, Federstahl, 60×360×3,5 cm

3. „*Federstahlkubus*", 11/1983, Stahl, Federstahl, Maße
variabel, Grundstellung 200×200×200 cm, ⌀ 5 mm

4. „*Schwebender Horizont über festem Grund*", 1985, Stahl,
Federstahl, Maße variabel, ca. 300×200×20 cm

5. „*Römische Ellipse*", 1985, Stahl, Styropor, 67×61×14 cm


Reiner Ruthenbeck

1. „*Kinetisches Objekt Nr. 2*", 1973, zwei gegeneinander
geschaltete Modell-Lokomotiven

2. „*Spitzes Dreieck I*", 1978, Metallstab in Stoffring,
36×30×4 cm

3. „*Blau-rote Stangenüberkreuzung*", 1981,
2 Aluminium-Rechtkantrohre, lackiert, 319×319 cm

4. „*Tisch mit schrägem Kasten*", 1982, Holz, lackiert
(braun, weiß), Kasten 57×180×20 cm, Tisch 89,5×180×115 cm

5. „*Schwarz-weiße Hängetafel*", 1984, Metall lackiert,
Schnur, 26,5×87 cm

**Kurzbiografien von Henk Visch,
Wolfgang Nestler und Reiner Ruthenbeck**


**Henk Visch**

1950      geboren in Eindhoven, Niederlande
1968–72   Akademie für Kunst und Gestaltung,
          's-Hertogenbosch
1982–83   Aufenthalt in New York, Atelier P.S.1
1984      Dozent an der Reichsakademie für Bildende Künste
1984      Aufenthalt in den internationalen Ateliers
          von Fontévraud

          lebt in Eindhoven


**Wolfgang Nestler**

1943      geboren in Gershausen, Kreis Hersfeld
1967–73   Studium an der Kunstakademie Düsseldorf
          bei Erwin Heerich
1972–77   Kunsterzieher in Aachen
1977–79   Karl-Schmidt-Rottluff-Stipendium
1977      Kunstpreis der Böttcherstraße, Bremen
1977      Förderpreis des Landes Nordrhein-Westfalen
1980      BDI-Materialstipendium

          lebt in Aachen


**Reiner Ruthenbeck**

1937       geboren in Velbert im Rheinland, Fotografenlehre,
           anschließend tätig als Fotograf
1962–68    Studium an der Düsseldorfer Kunstakademie
           bei Joseph Beuys
seit 1968  freier Bildhauer
1972       Einführung in die Technik der Transzendentalen
           Meditation
1973       Kunstpreis der Stadt Krefeld
1975–76    Gastdozent an der Hochschule für Bildende Künste
           in Hamburg
seit 1980  Professor der Staatlichen Kunstakademie
           Düsseldorf, Abteilung Münster
1982       Konrad-von-Soest-Preis des Landschaftsverbandes
           Westfalen-Lippe für bildende Kunst

           lebt in Düsseldorf